FILMBIBLIOTHEK

REDEN ÜBER FILM

Eine Veranstaltungsreihe des Kulturreferats der Landeshauptstadt München in Verbindung mit dem ARRI-Kino, München, dem KAMMER-Filmtheater, Marburg, sowie unter dem Titel »Film im Gespräch« mit dem Verein »Die ersten 100 Jahre Kino in Berlin e. V.« im Kino TIVOLI, Berlin und in Zusammenarbeit mit der Süddeutschen Zeitung

Mit freundlicher Unterstützung durch:
Verband der Szenenbildner, Filmarchitekten und Kostümbildner in Europa e.V. · Bavaria Film GmbH · Amerika-Haus München und Berlin · The British Council · L'Institut Français de Munich · Institut für Kunstgeschichte der Ludwig-Maximilians-Universität München · Deutsche Film- und Fernsehakademie Berlin GmbH · Hochschule für Film und Fernsehen »Konrad Wolf« Babelsberg

Ken Adam, David Bordwell
Peter Greenaway, Jack Lang

Der schöne Schein der Künstlichkeit

Herausgegeben und eingeleitet von Andreas Rost

Verlag der Autoren

Die Deutsche Bibliothek – CIP-Einheitsaufnahme

Der schöne Schein der Künstlichkeit / Ken Adam . . . Hrsg. und eingel.
von Andreas Rost. – Frankfurt am Main : Verl. der Autoren, 1995
   (Filmbibliothek) (Reden über Film)
   ISBN 3-88661-158-2
NE: Adam, Ken; Rost, Andreas [Hrsg.]

Umschlag: Bayerl & Ost GmbH, Frankfurt am Main
Umschlagphoto: LES AMANTS DU PONT-NEUF (prokino plus)
Rednerphotos: Sabine Kückelmann (Adam, Greenaway, Lang), Andreas
Heddergott (Bordwell)
Satz: SVG, Satz- und Verlagsgesellschaft, Darmstadt
Repros: Firma Dettloff GmbH, Pfungstadt
Druck: Druckerei und Verlag V. Bassenauer GmbH, Griesheim

Printed in Germany

Inhalt

Vorrede   9

Ken Adam   15
Freiräume für die Phantasie
Ein Gespräch mit Jürgen Berger

Peter Greenaway   71
Film, eine Kunst nach Regeln?
Ein Gespräch mit Yvonne Spielmann

David Bordwell   117
CITIZEN KANE und die Künstlichkeit des klassischen
Studio-Systems

David Bordwell   151
DIE HARD und die Rückkehr des klassischen
Hollywood-Kinos

Jack Lang   203
Perspektiven des europäischen Kinos und die
Lichtblicke der LIEBENDEN VON PONT-NEUF
Anschließend ein Gespräch mit *Volker Schlöndorff*

Studiowelten, Kulissenzauber, Illusionstechniken, Bildfeuerwerke: Zur Lichtspielkunst eines Kinos der Künstlichkeit

Vorrede von Andreas Rost

Noch bevor 1995 das Kino die ersten 100 Jahre seiner Existenz zu feiern begann, konnte 1994 ein Produktionsbetrieb für »Lichtspielkunst« auf 75 Jahre seines Bestehens im Münchner Süden zurückblicken: 1919 hatte dort Peter Ostermayr Ateliers errichten lassen, die sich im Lauf der Zeit zu derjenigen Filmstadt in Geiselgasteig ausweiteten, die 1959 den Namen der »Bavaria Atelier GmbH« erhielt und heute als »Bavaria Film GmbH« bekannt ist.

Dieses Jubiläum gab den REDEN ÜBER FILM den Anstoß für das Jahresthema »Der schöne Schein der Künstlichkeit«. Alle Gastredner wurden daher gebeten, sich dem künstlichen Aspekt beim Film, seinen Voraussetzungen sowohl in einer Studio-Realität als auch seiner Konzeption als Artefakt, als künstlich und auch künstlerisch Gemachtes, zu widmen.

Es gab jedoch einen weiteren, tiefergehenden und universelleren Grund für die Auswahl gerade dieses Jahresthemas. Uns schien ein Paradigmenwechsel in der Filmproduktion der letzten beiden Jahrzehnte evident: die Abkehr von einem Realismus-Paradigma zugunsten einer Hinwendung zu einem Paradigma der Selbstreferenz, worin sich das Kino als eigene Welt mit der Feier seiner eigenen Inszenierungskünste verstärkt gegen den grauen Alltag der außerfilmischen Wirklichkeit abdichtet.

Man könnte den Wechsel in der Kinoauffassung – auch beim deutschen Film – mit dem Chiasmus vom »Kino der Erfahrung« zur »Erfahrung des Kinos« umschreiben[*]. Für den französischen Film haben die Autoren der *Cahiers du Cinéma* (No. 351, September 1983) eine Zäsur filmischer Ideale mit den Filmfestspielen von Cannes 1983 festgestellt. Die Filmemacher der *Nouvelle Vague* hätten noch den Wahrheitsbezug ihrer Filmbilder im Auge gehabt und die Aufzeichnung des Wahren bis zum Fetischismus betrieben, was zum einen dem theoretischen Einfluß André Bazins und zum anderen den Fortschritten der Filmtechnik hin zu leichteren Kameras, lichtempfindlicherem Filmmaterial, handlicheren Tonaufnahmegeräten geschuldet war, was vermehrt zum Drehen an Originalschauplätzen, zur Ausnutzung natürlicher Lichtquellen und zur Verwendung von O-Ton, zur Besetzung von Rollen mit Laiendarstellern oder auch zum häufigen Aufbrechen einer geschlossenen Erzählweise führte. Dagegen sei mit Cannes '83 – laut Alain Bergala – das Auftreten einer neuen Generation von Filmregisseuren unübersehbar gewesen, die sich von den Idealen ihrer Vorgänger vehement absetzte. Aus dem Mund von Jean-Jacques Beineix (DIVA, DER MOND IN DER GOSSE, BETTY BLUE u.a.) sei zu hören gewesen, daß er »nichts mit der Wahrheit zu schaffen« habe, vielmehr an einer Bilderkunst der Verführung und Magie arbeite, die als reine Oberfläche ihr Werk vollbringe. Als Beleg für den Einstellungswandel sahen andere auch die Kino-Obsession eines Leos Carax an, dessen Werk sich aus dem Fundus der Filmgeschichte bis hin zur Stummfilmzeit mit Vorbildern speist, um mit ausgefeilten Inszenierungsmitteln den schönen Schein der Künstlichkeit zu neuen, ungeahnten Bilderzaubereien zu steigern.

Auch das amerikanische Kino hat – nach dem Niedergang des klassischen Studio-Systems und einer Zwischenperiode

---

[*] Ich entlehne diese Bezeichnung Thomas Elsaesser: *New German Cinema. A History*. Houndsmill, Basingstoke, Hampshire u. London: MacMillan, 1989 (= BFI Cinema Series), S. 5; dt. *Der neue deutsche Film*. München: Heyne 1994.

verstärkter europäischer Anleihen – die eigenen Hollywood-Mythen neu beschworen, indem vermehrt Filme mit einem »Studio-Gesicht« auf die Leinwände kamen, die den Abstand zum Leben außerhalb der Kinomauern bewußt betonten: Scorseses NEW YORK, NEW YORK (1977) setzt auffällige Zeichen einer Studio-Welt[*], auch Coppolas ONE FROM THE HEART (1981) macht als seine unabdingbare Voraussetzung das Studio kenntlich wie der schon 1976 von George Lucas begonnene Reigen seiner »Baukastenfilme« der STAR WARS-Trilogie. Mit Warren Beattys DICK TRACY (1990), Tim Burtons BATMAN RETURNS (1992) sowie Coppolas DRACULA (1992) wurde Anfang der 90er Jahre eine Tendenz offenbar, die im amerikanischen Film eine Wiederbelebung von Stilelementen des deutschen Stummfilm-Expressionismus in Kombination mit neuen Post-Production-Verfahren riskierte, wobei der Stilisierungsgrad des Dekors neue Höhen erreichte.

Insofern war es spannend, vom zweifachen Oscar-Gewinner und James-Bond-Architekten *Ken Adam* als erstem Gast – einem gebürtigen Berliner – seine Auffassung von Production Design zu erfahren, da er seine Vorbilder aus dem deutschen Film der 20er Jahre bezog, bevor ihn seine internationale Karriere von Großbritannien nach Hollywood führte.
Mit *Peter Greenaway* kommt im zweiten Beitrag dieses Bandes ein Filmemacher zu Wort, der als Absolvent einer

---

[*] Martin Scorsese sagt zu diesem Film: »Ich wollte ihn im Stil der 40er-Jahre-Filme drehen, mit all ihrer Künstlichkeit und dem Ausblenden jeglicher Realität. Das Dekor sollte vollkommen unecht wirken, aber als besonderen Einfall hatten wir vor, die Charaktere im Vordergrund quasi dokumentarisch anzugehen, so daß zweierlei Techniken in Verbindung standen.« - in: David Thompson / Ian Christie (Hg.): *Scorsese on Scorsese*. London, Boston: Faber and Faber, 1989, S. 68; dt. *Scorsese über Scorsese*. Frankfurt am Main: Verlag der Autoren 1995. Ein anderes Zitat von Film- wie Production-Design-Geschichte macht Scorsese in der Eröffnungssequenz von ALICE DOESN´T LIVE HERE ANYMORE (1974) mit der Referenz an William Cameron Menzies (vgl. dazu: ebd., S. 49).

Kunsthochschule von der Malerei geprägt ist und diese Herkunft infolge der kunstgeschichtlichen Durchtränkung seiner Filmarbeiten selten vergessen läßt.

Professor *David Bordwell*, einer der prominentesten Filmwissenschaftler der U.S.A., thematisiert bei seinem ersten Deutschland-Besuch – und mit seinen ersten Veröffentlichungen in deutscher Sprache – zwei ganz unterschiedliche Aspekte von Künstlichkeit im Film: Bei Orson Welles' CITIZEN KANE geht es ihm um die Untersuchung der optischen Tricktechniken, derer sich Welles mittels der Studio-Voraussetzungen von RKO zu bedienen vermochte. In seinem zweiten Beitrag über John McTiernans DIE HARD (STIRB LANGSAM I) wird die Künstlichkeit in den Kunstkniffen der Hollywood-Dramaturgie auf verschiedenen Ebenen verfolgt, von den kunstvoll verwobenen Handlungssträngen (mit ihren umfassenden Auflösungen zum Filmende) bis hin zu den visuellen Gestaltungsweisen der Bildkomposition oder Schärfenebenenverlagerungen.

Die hier zum Abschluß wiedergegebene Rede des ehemaligen französischen Kulturministers *Jack Lang* ist primär diejenige eines cineastisch begeisterten Kulturpolitikers, der nicht als filmästhetischer Experte auftreten will (obwohl der Dialog mit *Volker Schlöndorff* und dem Publikum dann doch viele Detailkenntnisse verrät). Dennoch ist sein Plädoyer für ein europäisches Engagement zum Erhalt der Filmkunst als Medium multikultureller Identitätswahrung wie -stiftung ein unverzichtbarer Beitrag für »filmpolitischen Klimaschutz«. Daß dieser Haltung eines Kulturpolitikers auch spezifische Taten zur Fertigstellung einer für französische Verhältnisse beispiellosen Filmproduktion, Leos Carax' LES AMANTS DU PONT-NEUF (1991), entsprangen, war uns ein Grund mehr für diese Einladung, zumal der mittels eines in Südfrankreich nachgebauten Pont-Neuf gedrehte Film ein herausragendes Beispiel für die ganz eigene Schönheit liefert, die im Spannungsfeld zwischen einem Sujet des extremen Miserabilismus und seiner Überführung in ein Filmbildfeuerwerk extremer Künstlichkeit aufgeht. Und selbst ein so sehr in sich geschlossener Bilderkosmos wie bei Carax versteht sich im Verhältnis zu globalen Katastrophen, denen sein Kino zuvorkommen möchte, bevor es »draußen« zu spät sei.

Unser Dank gilt an dieser Stelle ganz pauschal allen für das Zustandekommen dieses Rede-Zyklus wie Buches verantwortlichen Personen. In besonderer Weise gebührt der Dank dem Kulturreferenten der Landeshauptstadt München, Siegfried Hummel, für das Wohlwollen, das er von Anbeginn den REDEN ÜBER FILM entgegenbrachte, ferner Lothar Just auf Seiten der Internationalen Münchner Filmwochen GmbH, zuständig für die ARRI-Kino-Programmarbeit, und Ullrich Esser, dem Leiter der Öffentlichkeitsarbeit bei der Süddeutschen Zeitung. In Marburg bedanken wir uns bei Hubert Hetsch, dem Inhaber des KAMMER-Filmtheaters, und in Berlin-Pankow bei Dr. Sigurd Schulze vom Verein »Die ersten 100 Jahre Kino in Berlin« e. V. für die gute Kooperation

Kulturreferat München im Mai 1995   A. R.

Ken Adam: Freiräume für die Phantasie

Gespräch mit Jürgen Berger am 6. 2. 1994 im ARRI-Kino,
München

Ken Adam und Jürgen Berger im ARRI-Kino

Jürgen Berger: »Ich bin das Auge des Regisseurs«, sagte Ken
Adam 1976 während einer *Guardian Lecture* im Londoner
National Film Theatre. Unser Auge, das Auge des Zuschauers, richtet sich häufig nur auf den Regisseur oder die Schauspieler, und wir vergessen dabei, daß ein Film das Endprodukt eines kollektiven Arbeitsprozesses ist, an dem viele
»unbekannte« und »unsichtbare« Berufe beteiligt sind.
Einer dieser unsichtbaren Berufe ist der des Filmarchitekten
und Production Designers, obwohl sein »Produkt« jedem
ins Auge fällt: Es ist die Realität, die wir auf der Leinwand
sehen. Doch unabhängig von Qualität, Können, künstleri-
scher Begabung – der Filmarchitekt wird einem großen Publikum erst bekannt, wenn sein Produkt, der Film, populär

und kommerziell erfolgreich ist. Ken Adam hatte das Glück, zur richtigen Zeit mit den richtigen Leuten ein Genre zu kreieren, das zum Mythos wurde – der James-Bond-Film. Die Machtzentralen der Bondschen Bösewichte, die *War Rooms*, die amphibischen Fortbewegungsmittel, das Waffenarsenal, kurzum alles was zum Charakteristikum dieser Filme gehört, entstammt der visuellen Phantasie Ken Adams.

Ken Adam wurde als Klaus Adam 1921 in Berlin geboren. Die Liebe zu Flugzeugen, Booten, Autos, zu Abenteuern – und zum Kino – erbte Ken/Klaus von seinem Vater, der in der Friedrichstraße in Berlin-Mitte ein alteingesessenes Sportgeschäft besaß. Fritz Adam beteiligte sich als Finanzier an Filmproduktionen, etwa an den beiden Teilen von WUNDER DES SCHNEESCHUHS (1920/1922) oder an DIE WEISSE HÖLLE VOM PIZ PALÜ von 1929.

Das antisemitische Klima in Deutschland zu Beginn der 30er Jahre, das nach der Machtergreifung von wachsendem Terror geprägt wurde, raubte der Familie Adam die Lebensgrundlage. Der älteste Sohn, Peter Adam, hatte Deutschland bereits im Sommer 1933 in Richtung England verlassen. Im April 1934 folgte Fritz Adam mit seiner Frau und den Kindern Klaus, Dieter und Loni. Klaus, der sich nun Ken nannte, besuchte Schulen in London und Edinburgh und begann auf Anregung des Filmarchitekten Vincent Korda Architektur zu studieren. Während des Zweiten Weltkriegs kämpfte er als Pilot der Royal Air Force gegen Deutschland.

1947 begann Ken Adams Filmkarriere als Architekt und Production Designer. Seine Filmographie umfaßt bis heute rund 70 Filme; er arbeitete u.a. für Regisseure wie Jacques Tourneur, John Ford, Ken Hughes, John Frankenheimer, Robert Wise, Robert Aldrich, Stanley Kubrick, Terence Young, Guy Hamilton, Bruce Beresford oder Joseph L. Mankiewicz. Im Moment ist Ken Adam mit BOYS ON THE SIDE befaßt. Regie führt sein Freund Herbert Ross, für den er bereits sechs Filme ausstattete. Ich freue mich, Ken Adam hier in der Vortragsreihe REDEN ÜBER FILM begrüßen zu

dürfen. Wir werden Gelegenheit haben, eine Anzahl seiner
Entwürfe zu sehen und deren Umsetzung an Filmauschnit-
ten verfolgen zu können. Neben Stanley Kubricks DR.
STRANGELOVE und BARRY LYNDON werden sechs Bond-Filme
im Mittelpunkt stehen.
Ken Adams Vorbilder waren Filmdesigner, die auch gleich-
zeitig Bühnenbildner waren, wie zum Beispiel Lazare Meer-
son, Oliver Messel, André Andreyew, George Wakhevich
oder auch der aus Deutschland emigrierte Filmdesigner Al-
fred Junge sowie John Bryan, Top Designer des britischen
Films der 50er Jahre, – vor allem aber William Cameron
Menzies, Regisseur des Science Fiction-Klassikers THINGS
TO COME und Production Designer von GONE WITH THE
WIND. Für Victor Flemings legendäres Melodram »erfand«
Menzies 1938 den Begriff Production Designer.
Ken Adam, was hat ein Production Designer in Hollywood
zu tun?

Ken Adam: Der Production Designer ist für alles verantwortlich, was Sie auf der Leinwand *sehen.* Er versucht dem
Drehbuch gewissermaßen einen »visuellen Körper« zu geben, das heißt, er überlegt sich die Farbdramaturgie, wählt
die Drehorte aus, bestimmt welche Sets gebaut werden müssen und entscheidet manchmal, wer für Kostüme und Kamera engagiert wird. Er entwickelt das optische Grundkon-
zept für den Film, kreiert damit also auch dessen Stil – das
ist vielleicht das Wichtigste. Natürlich diskutiert er seine
Vorstellungen immer mit dem Regisseur.
Die konkrete Arbeit, der Entwurf der Sets und das Suchen
von Drehorten macht man zunächst allein, später zieht man
den Regisseur hinzu. Ich möchte die Leistung des Kamera-
manns nicht schmälern, aber ein Kameramann kommt im
allgemeinen erst drei Wochen vor Drehbeginn zum Team.
Das hat wohl vor allem finanzielle Gründe – er bekommt
wahnsinnig viel Geld.

Entwurf für das nicht realisierte Filmprojekt LORD L, 1969.

Entwurf für die Abschußrampe der Space Shuttle aus MOONRAKER, 1978.*

* Die Datierungen der Entwurfszeichnungen weichen notwendigerweise vom Jahr der Uraufführung des Films ab.

Entwurf für Willard Whytes Penthouse aus Diamonds are Forever, 1971.

Entwurf für den Hintereingang zu den königlichen Gemächern aus The Madness of King George, 1994. Für diesen Film erhielt Ken Adam 1995 seinen zweiten Oscar.

Natürlich diskutiere ich mit dem Kameramann das weitere Vorgehen. Die Zusammenarbeit zwischen Kameramann, Production Designer und Regisseur ist unglaublich wichtig. Ich habe mich seit jeher fürs Drehbuch interessiert, schreibe zwar nicht selber, kann aber sehr wohl etwas beurteilen oder kritisieren. Und wenn mir eine Szene unter Production Design-Aspekten »falsch« erscheint, sage ich es. Meine Entwürfe entstehen quasi instinktiv, und wenn das nicht funktioniert, ist mit dem Drehbuch etwas faul. Ob der Regisseur das nun auch so sieht oder nicht – ich versuche immer, am Skript mitzuarbeiten.

B.: Ich zeige jetzt einige Ken-Adam-Skizzen aus den letzten drei Jahrzehnten. Betrachte ich diese stilisierten Entwürfe, kommt mir die Frage in den Sinn, mit welcher Technik Du arbeitest?

A.: Ich benutze besonders breite Filzschreiber – eine wunderbare Freiheit! Als ich Architektur studierte, hat mich das disziplinierte Zeichnen ziemlich eingeengt. Mit dem Filzstift kann ich einerseits sehr schnell zeichnen und andererseits gut *chiaroscuro*, d.h. Licht- und Schattenabstufungen herstellen.

B.: Zeichnest Du diese intensiven Licht- und Schatteneffekte bereits für den Kameramann?

A.: Oh ja. Um ihm die Atmosphäre, mein Konzept der Atmosphäre vorzugeben.

B.: Zwei Filme hast Du mit Stanley Kubrick gedreht. Der erste, DR. STRANGELOVE OR: HOW I LEARNED TO STOP WORRYING AND LOVE THE BOMB (1963) ist ein rabenschwarzer Film über den nuklearen Wahnsinn, und die Bilder vom *War Room*, von der Kommandozentrale mit ihrer Anzeigetafel sind wohl allen Cineasten im Gedächtnis. Wie entstand der *War Room* aus DR. STRANGELOVE?

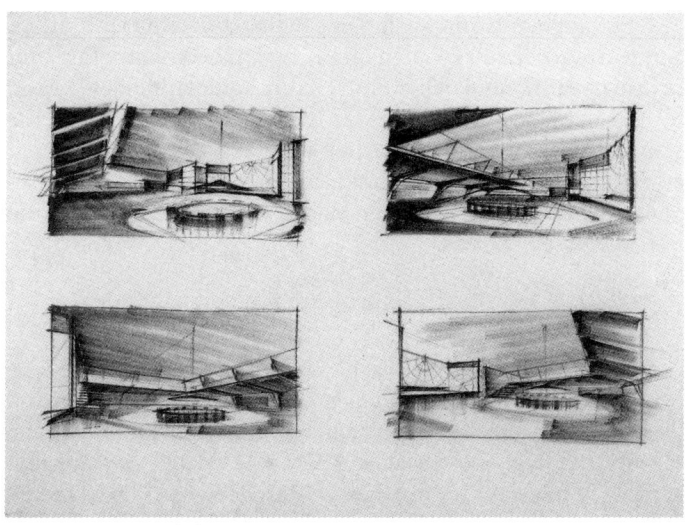

Die ersten Entwürfe für den »War Room« aus Dr. Strangelove or: How I Learned to Stop worrying and Love the Bomb; Entwurf von 1962.

A.: Das hier waren die ersten Skizzen, die ich für Stanley zeichnete und sie gefielen ihm gleich. Darauf gab ich meinen Zeichnern grünes Licht für die Konstruktionsentwürfe. Nach drei Wochen kam Stanley dann an und sagte: »Hör mal zu, für die Galerie da oben, da brauche ich mindestens 60 Komparsen, das wird ein Vermögen kosten. Außerdem, was soll ich überhaupt damit? Du mußt das neu entwerfen.« Ich war völlig demoralisiert – Stanley ist nämlich ein schwieriger Typ – und ich bin erstmal im Park von Shepperton spazieren gegangen. Ich habe zwansgläufig weiter experimentiert, bis mir die Geschichte mit dem Dreieck einfiel: Eine riesige Kommandozentrale mit einer dreieckigen Dekkenkonstruktion, in der Mitte ein runder Tisch, den wir, obwohl schwarz-weiß gedreht wurde, mit grünem Filz bezogen, um Pokerspiel-Atmosphäre zu kreieren. So als ob die Generäle, der Präsident und der russische Diplomat um das Schicksal der Welt pokerten. Über dem Tisch dachte ich mir schließlich eine Lampe in Gestalt eines gewaltigen Ringes aus. Stanley wollte daraufhin alle Schauspieler nur mit dieser ringförmigen Lampe beleuchten. Er kam ein paar Tage mit in mein Büro, und ich mußte mich so wie hier auf einen Stuhl setzen. Über mir hing er Reflektoren auf und machte so viele Polaroids, bis er sicher war, daß die Ausleuchtung stimmte. Schließlich bauten wir den Leuchtring mit entsprechend geneigten Reflektoren und leuchteten die Szenen im *War Room* damit aus.

B.: Wie kam Dir die Idee mit dem Dreieck?

A.: Ich weiß nicht. Das war Instinkt, aber auch Glück. Weißt Du, das Schwierige bei Stanley ist, daß man alles immer intellektuell angehen muß. Er will immer erst wie ein Computer, wie ein Schachspieler jede Möglichkeit erforschen. Er stand hinter mir, als ich das Dreieck skizzierte und fragte mich – wie Du eben –, warum ich diese Form gewählt habe. Also gut, ich sagte, das Dreieck sei eine der stärksten geometrischen Formen. Und das hat ihm eingeleuchtet. »Und woraus baust Du das?« – »Aus Beton!«. Und das hat er als Idee einer bombensicheren Kommandozentrale akzeptiert. Am schwierigsten waren diese riesigen Landkarten. Damals wurde noch nicht mit Computergraphiken gearbeitet. Die elektrischen Zeichen funktionierten mechanisch, das heißt, wir mußten Glühbirnen hinter die Leuchtsymbole schrauben, und das Ganze wurde mechanisch über eine Art Klaviatur bedient. Wir waren total erstaunt, als die Lampen so viel Hitze ausstrahlten, daß die Karten zu brennen anfingen. Wir mußten auf ihrer Rückseite Air-Conditioning installieren. Beim Drehen hatten wir Angst, daß das ganze Studio in die Luft geht.

B.: Du hast als Production Designer auch die Special Effects von DR. STRANGELOVE entworfen und überwacht. In der berühmten Bombenabwurf-Sequenz reitet Slim Pickens auf der Atombombe. Die Visualisierung dieser Szene stammt von Dir?

Der Entwurf für den »War Room« aus Dr. STRANGELOVE, 1962.

Ken Adam auf dem Set von Dr. STRANGELOVE, 1962.

A.: Ja, die Idee kam allerdings von Stanley. Das war eine seltsame Geschichte. Ursprünglich sollte Peter Sellers den Bomberpiloten spielen. Aber nach zwei Drehtagen war Stanley der Meinung, daß er in dieser Rolle nicht überzeugte. Auf der Rückfahrt nach London sagte er: »Du, ich habe eine Idee. Ich kenne einen Cowboy-Schauspieler in Arizona, Slim Pickens heißt er. Den rufe ich heute abend an. Wäre das nicht eine glänzende Idee, wenn der Slim Pickens wie ein Cowboy auf der Atombombe hinunterreitet?«
Es war eine brillante Idee. Ich hatte nur verdammte Schwierigkeiten, sie umzusetzen – das sind eben die Probleme eines Production Designers. Ich hatte die Bombe für den B52-Bomber bereits gebaut, aber nicht zum Ausklinken. Die Luken des Bombenschachts ließen sich nicht öffnen, weil im Film gar nicht gezeigt werden sollte, wie die Luken aufgehen und die Bombe rausfällt. Es waren nur drei oder vier Drehtage angesetzt und ich hatte nicht die Zeit, alles neu zu bauen. Dann habe ich mit unserem Special-Effects-Genie Wally Weavers herumgetüftelt. Er fand eine einfache photographische Lösung: Er photographierte das Innere des Bombenschachtes. Aus dem Foto schnitt der die Luken heraus. Das beschnittene Foto diente als Maske für die anschließenden Trickaufnahmen. Die Bombe hängten wir an Drähte und filmten Pickens Ritt mit Rückprojektion. Um beim Blick aus dem Bombenschacht den Effekt des freien Falls zu erzielen, wurden schließlich noch das Bild kontinuierlich optisch verkleinert.

B.: Kubrick hat Dich engagiert, nachdem er Deinen Dr. No aus dem Jahr 1962 gesehen hatte. Ich denke, dieser Film war der endgültige Bruch mit dem *kitchen sink-realism*, dem britischen Spülsteinrealismus der 50er Jahre, und markierte für den britischen Film etwas völlig Neues, u.a. eine Revitalisierung des Thriller-Genres. Dr. No war der erste James Bond-Film, hier hast Du die Bond-Formel erfunden, das Schema aller künftigen Bond-Filme geschaffen. Wie kam es dazu?

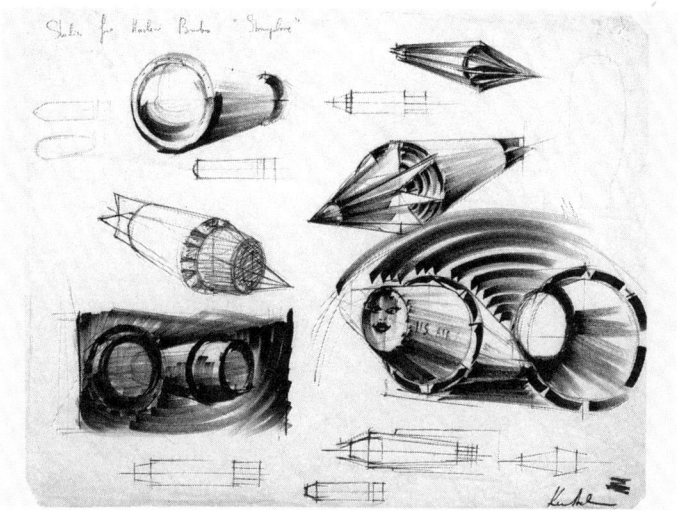

Verschiedene Entwürfe für die Atombomen aus DR. STRANGELOVE, 1962.

A.: Im Grunde genommen war das ein Low-Budget-Thriller. Der ganze Film hat 1962 eine Million Dollar gekostet. Für diese Art Actionfilm war das nicht viel Geld. Mein Budget betrug £ 14.000, am Ende hatte ich £ 21.000 ausgegeben, eine Riesentragödie, weil ich das Budget überzogen hatte.

Ich hatte einfach Glück. Vom Drehbuch her war DR. NO eine ganz gewöhnliche Ian-Fleming-Story. Aber abgesehen von der Person James Bonds hat es mich stilistisch nicht inspiriert. In Jamaika hatten die Dreharbeiten begonnen, und – wie immer – mußte ich zurück in die Studios, um die Dekors zu bauen, während das erste Team noch drehte. Mit dem Regisseur Terence Young hatte ich nur sachliche Details abgesprochen: Wo sollen die Türen hin, Fenster, etc., aber nichts über Stil. In England fiel mir ein, daß ich in den vergangenen dreißig Jahren keinen einzigen Film gesehen hatte, der unsere Zeit wirklich abbildet, Computer, Technologie, Elektronik usw. Wirklich, wenn man sich das überlegt – vielleicht habe ich auch unrecht -, aber die einzigen Filme, die mir sowas vermittelten, waren Fritz Langs Metropolis von 1926 und William Cameron Menzies Things to Come aus dem Jahr 1936. So habe ich versucht, die Sets als Bild unserer Zeit mit einem Anflug von Witz und leicht futuristisch anzulegen.

B.: Betraf das auch die Materialien, die Du beim Bau verwendet hast?

A.: Ja. Es gefiel mir nicht, wie man üblicherweise beim Film baute, ich fand das langweilig und teuer. Teuer sind nicht die Materialien, sondern die Arbeitskräfte, die man braucht. Um etwa eine schöne Holzwand zu bauen, hat man damals Papier genommen und es auf eine billige Unterkonstruktion geklebt. Eine ganze Armee von Malern mußte nun das Papier mit Strukturfarbe bemalen, abwaschen, dann mußte es gewachst werden, um am Ende dann die Illusion einer Teakholz- oder Eichenwand zu geben. Dabei gab es vor dreißig Jahren schon Sperrholz unterschiedlichster Art. Ich habe also mit Sperrholz zu arbeiten begonnen. Aber auch mit Metall, wie Kupfer, Aluminium, rostfreiem Stahl. Das war sogar billiger als die alten Vortäuschungsmethoden. Außerdem sah es viel besser aus.

B.: Nach welchen Gesichtspunkten hast Du die Farben für Dr. No ausgewählt? Der Film hat ja eine extreme Farbdramaturgie.

A.: Ich habe viel experimentiert, denn ich war mir nicht 100-prozentig sicher. Ich ging ein großes Risiko ein, weil keiner meine Skizzen oder die Dekors kannte. Wenn dem Regisseur Terence Young oder den Produzenten Broccoli und Saltzman das Resultat nicht gefallen hätte, wäre das nicht nur für mich eine Katastrophe gewesen. Aber, Gott sei Dank, waren sie alle zufrieden. Die wenigen Skizzen, die erhalten geblieben sind, zeigen nicht viel. So hatte ich u.a. auch gezeichnet, wie Sean Connery durch die Lüftungsroh-

Entwurf des unterirdischen Atomlabors aus Dr. No, 1962

re krabbelte und auch das Labor von Dr. No. Diesen Entwurf mag ich überhaupt nicht. Für heutige Verhältnisse erscheint das alles ein bißchen primitiv. Es war jedoch das erste Mal, daß ich versuchte, mit elektronischen Dingen herumzuspielen – und ich glaube, später bin ich etwas mehr *sophisticated* geworden. Außerdem, was kann man schon für £ 20.000 bauen?

B.: Wurden Deine Bond-Filme alle in den Pinewood-Studios gedreht?

A.: Ja. Außer dem letzten, den haben wir in Paris gemacht.

B.: Wie groß war Dein Stab bei Dr. No?

A.: Ich hatte zwei, drei Assistenten, und die auch nur, weil wir auch in Jamaika drehen mußten. Syd Cain, der Art Director, blieb dort, während ich mit zwei Zeichnern nach Pinewood zurückging. Bei GOLDFINGER sah das dann schon anders aus, und bei THE SPY WHO LOVED ME und MOONRAKER – das waren meine letzten Bond-Filme – hatte ich mehr als zwanzig Mitarbeiter.

Das Wichtigste war, ein Team zusammenzubringen. Die späten Bond-Filme waren so groß, daß wir mit drei *units*, mit drei Teams, gleichzeitig drehten. Das heißt, während sich ein Team in Brasilien aufhielt, arbeitete ein zweites in Florida und ein drittes in Italien, dazu kamen noch die Special Effects in den Pinewood-Studios. Alle *units* brauchten ihre Sets, darüberhinaus mußte ich den gesamten Ablauf koordinieren.

B.: Und das Team blieb bei allen Deinen Bond-Filmen zusammen?

A.: Ja, im großen und ganzen schon. Den letzten und größten Bond-Film, MOONRAKER, haben wir in Paris gedreht. Ich hatte richtig Angst, nach Frankreich zu gehen, weil ich so daran gewöhnt war, in Pinewood zu arbeiten. Ich habe alle Studios im Umkreis von Paris belegt, Billancourt, Boulogne, Epinay. Die Grundbesetzung meines Teams stammte aus England. Zur Verstärkung holte ich acht französische Assistenten, von denen einige absolut phantastisch waren. Ich will damit nur sagen, daß man in der ganzen Welt gute Leute findet. Beim Filmemachen – egal ob in China, Frankreich, Italien, Indien, Amerika, in London oder Deutschland – entsteht so etwas wie eine Familie, in der man sich versteht, selbst wenn man nicht die jeweilige Landessprache beherrscht.

B.: Der nächste Filmausschnitt stammt aus THUNDERBALL (1965). Ich habe eine Szene ausgewählt, die in Paris spielt und den Übergang von einer Realdekoration *on location* zu einem künstlichen Set zeigt. Erzählst Du uns was vom Entwurf der Spectre-Zentrale in diesem Film?

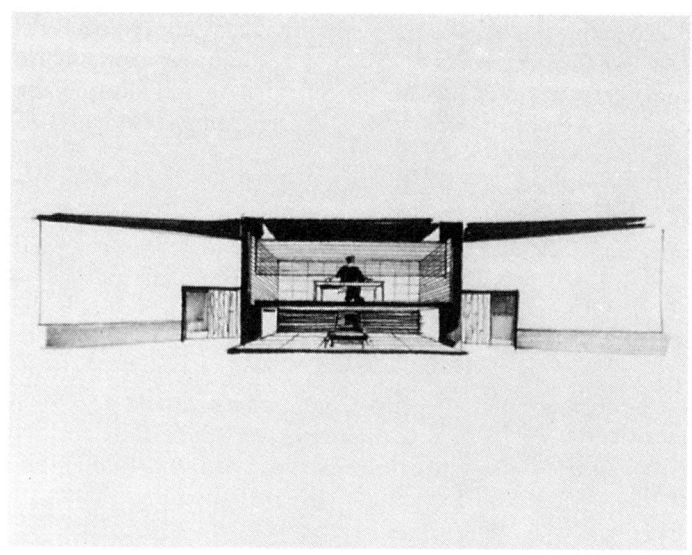

Entwurf für Spectres Kommandozentrale aus THUNDERBALL, 1964.

A.: Ausgangspunkt war, hinter einer alten ehrwürdigen Fassade einen ultramodernen Konferenzsaal zu verstecken. Ich habe mir dafür diese »elektrischen Stühle« ausgedacht, die das Opfer töten und anschließend elegant im Boden verschwinden lassen.

B.: Das war Deine Idee?

A.: Ja, eine leicht sadistische Idee. Wenn man mich früher nach dem Einfluß des deutschen Expressionismus fragte, sah ich da keinen Zusammenhang, aber heute finde ich meine Entwürfe schon recht expressionistisch, was die schiefen Linien und die Decken betrifft.

B.: Kommen wir zu GOLDFINGER, Deinem Lieblings-Bond.

A.: Sagen wir lieber, überhaupt einer meiner Lieblingsfilme.

29

B.: GOLDFINGER hat alle typischen Merkmale des Bond-Genres – Räume, die sich verwandeln, bestimmte *gadgets*. Konzentrieren wir uns auf die *gadgets*, den Set von Fort Knox und den *Rumpus Room*. Was ist dieser *Rumpus Room*?

A.: Was *rumpus* genau bedeutet, weiß ich auch nicht. In GOLDFINGER ist es der Raum auf einem Gestüt, wo Sättel und Zaumzeug der Pferde untergebracht sind. *Rumpus* – das ist wie eine Art Spielzimmer, denke ich.

B.: Spielzimmer würde gut passen . . .

A.: Ja. Ich hatte mir ausgemalt, daß sich im Verlauf der Szene dieses Zimmer in eine Gaskammer verwandelt, in der alle anwesenden Gangsterbosse vergast werden. Außerdem sollte das Modell von Fort Knox aus dem Boden auftauchen. Für manche Einfälle gab es keinen rechten Grund. Zum Beispiel die Bar, die sich dreht. Meine einzige Rechtfertigung war die Bewegung selbst: Es mußte einfach Bewegung da sein, damit der Set nicht zu statisch wirkte. Das war der *Rumpus Room*. Er wurde in Pinewood gebaut. Wir hatten großes Glück, daß Gert Fröbe den Bösewicht spielte, ein phantastischer Schauspieler.

B.: Der berühmteste Set aus GOLDFINGER ist das Innere von Fort Knox. Du hast mir erzählt, daß Dich viele Leute gefragt haben, wie es möglich war, im Inneren von Fort Knox zu drehen, wenn es nicht einmal dem Präsidenten der Vereinigten Staaten erlaubt ist, diesen Ort zu betreten?

A.: Ich bin der Überzeugung, daß man als Production Designer eine Realität erfinden kann, die das Publikum mehr akzeptiert als die Realität selbst. Und ich versuchte, damit zu experimentieren. Auch mir war es nicht erlaubt, in Fort Knox zu arbeiten. Das war unmöglich, obwohl die Kennedys damals sehr Bond-freundlich waren. Es war unmöglich, da reinzukommen. Ich kannte aber die *vaults,* die Tresore

Der »Rumpus Room« aus GOLDFINGER, 1964.

Entwurf des Inneren von Fort Knox aus GOLDFINGER, 1964.

der Bank of England in London. Weil Gold so schwer ist, ist es nie hoch aufgestapelt. Ich fand aber, man sollte dem Publikum richtig hohe Goldstapel zeigen, 15 Meter hohe Dinger. Ich entwarf ein riesiges Gitter, fast wie im Gefängnis. Als ich den Produzenten – Broccoli und Saltzman – die ersten Skizzen zeigte, sagten sie, »Das sieht ja aus wie ein Gefängnis – Du bist völlig verrückt!« Guy Hamilton, der Regisseur, stand mir bei: »Laßt Ken weitermachen, ich glaube, die Idee ist gut.« Ich habe dann diese Riesen-Anlage gebaut, und sie hat »gewirkt«, denn nach dem Filmstart bekam United Artists mehr als 400 Briefe mit der Anfrage, wie ich es geschafft hätte, in Fort Knox zu drehen.

Ich besitze nur die ersten schematischen Zeichnungen des Sets, nur die Rohskizzen. Leider mußte ich alle Originalzeichnungen dem Produktionsbüro übergeben. Die Leute von Eon Productions haben sich so alle meine Reinzeichnungen unter den Nagel gerissen.

B.: Deine nächste große Herausforderung war der Vulkankrater in YOU ONLY LIVE TWICE (1967).

A.: Ja, ich hatte damals wohl'n leichten Knall. Eigentlich habe ich immer versucht, zwischen zwei Bonds etwas anderes zu machen, um nicht ins Sterile abzuleiten. Die Bond-Filme waren für mich sowas wie Psychotherapie, da konnte ich mich gehen lassen, hatte keine Grenzen, *the sky is the limit*, sagt man in Englisch. Ich mußte mich kaum dem Zwang eines Drehbuches unterwerfen, weil wir zum Schluß eigentlich keines mehr hatten, sondern nur noch nach *Planning-Scripts* arbeiteten. Die Bond-Filme waren gut für meine Phantasie. Aber zwischendurch habe ich immer versucht, andere, »normalere« Filme zu machen. Ob das nun historische Themen oder Literaturverfilmungen waren.

B.: Nehmen wir z. B. SLEUTH von 1972, der in Deutschland als MORD MIT KLEINEN FEHLERN in die Kinos kam.

Entwurf für die »Great Hall« in Wykes Haus aus SLEUTH, 1972.

A.: Ja, das war der Set von SLEUTH, mit Laurence Olivier und
Michael Caine unter der Regie von Joseph Mankiewicz. Der
Film basierte auf einem Theaterstück – mit nur zwei Schauspielern. Das ganze Dekor wurde in den Pinewood-Studios
gebaut.
Dazu muß ich erzählen, warum ich Joseph Mankiewicz so
bewundere. Er sagte zu mir: »Ich versuche immer, die besten Leute für einen Film zu holen, ob das nun der Production Designer, der Kameramann oder der Cutter ist; ich
bin bereit, so lange wie nötig mit Euch über mein Konzept,
über meine Vorstellungen vom Film zu diskutieren. Danach
könnt Ihr Eurer Arbeit nachgehen. Wenn Ihr sie gut macht,
werde ich gelobt. Und wenn Ihr Mist baut, kann ich immer
noch Euch die Schuld geben.«
Im Falle von SLEUTH hat er mich gebeten, zwei Tage auf dem
Set zu verbringen, ganz allein in meinem Dekor; es hielt sich
nur ein Kulissenschieber bereit, falls Möbel oder ähnliches
verrückt werden sollten. Dann hat Mankiewicz selbst zwei

Tage auf dem Set zugebracht, und noch zwei Tage später fing er an zu drehen. Während der Dreharbeiten wurde dann nichts mehr geändert.

Das Seltsame – ich verstehe es als Kompliment für den Production Designer – war folgendes: Als der Film für den Oscar nominiert werden sollte, dachten sowohl die Jury als auch Teile der Öffentlichkeit, wir hätten *on location*, also in einem echten Haus gedreht. Doch existiert kein Haus dieser Art; einzelne Elemente habe ich natürlich hie und da der Realität abgeschaut. Auch hier entdecke ich heute expressionistische Elemente, z. B. in der Skizze der Kellertreppe. SLEUTH bekam zwar keinen Oscar, war aber ein Erfolg bei den Kritikern.

B.: Überraschend ist ja, daß keine zwei Einstellungen in SLEUTH sich wiederholen. Jede Kameraperspektive zeigt etwas Neues vom Raum, enthüllt neue Dekorationen, neue *props*. Ihr seid nie der Gefahr erlegen, Theater abzufilmen, sondern mit Phantasie . . .

A.: unterbricht Es gab ja nur zwei Schauspieler, und da hatte Mankiewicz mir gesagt, der Set und die *props* sollten gewissermaßen als der dritte »Star« des Films behandelt werden. Deshalb mußten wir genau wissen, was wir ausdrücken wollten. Wir benutzten Photographien aus den 30er Jahren, z. B. von Flo Desmond und Inszenierungen von Noel Coward. Jedes Dekor-Detail mußte richtig plaziert sein. Bei den mechanischen Spielzeugen, den Tänzerinnen und den aufziehbaren Automaten hatten wir großes Glück. Ich machte in Nordengland eine alte Frau ausfindig, die eine Sammlung solcher Puppen besaß. Ein paar haben wir zusätzlich gebaut – die waren *part of the action*. Ich glaube, auch auf dieser Ebene war der Film ein großer Erfolg.

B.: Wie SLEUTH ist auch YOU ONLY LIVE TWICE in den Pinewood-Studios entstanden. Für diesen Film hast Du einen der größten Filmbauten konstruiert, der nach 1945 in Europa realisiert wurde. In dieser Luftaufnahme des *studio lot* von Pinewood ist im Hintergrund auf dem Außengelände der von Dir konstruierte Vulkankrater, die Kommandozentrale von Blofeld, zu sehen.

A.: Das Ding war so häßlich, daß sich die Anlieger in der Umgebung des Studios beschwerten und wir es nach dem Drehen wieder abreißen lassen mußten.

B.: Wie kamst Du auf die Idee mit dem Krater?

A.: Wir merkten, daß Ian Fleming Japan nicht gerade akkurat beschrieben hat. Wir waren ja dorthin geflogen in der Hoffnung, Flemings Schauplätze zu finden. Doch die existierten gar nicht. Später habe ich erfahren, daß Fleming nie in Japan gewesen ist. Also haben wir uns zwei Drittel von Japan aus der Luft angeschaut, mit dem Hubschrauber. Man kann sich kaum vorstellen, wie anstrengend das war, jeden Tag sieben, acht Stunden im Hubschrauber zu hocken und überall zu landen, wo man nur landen konnte. Schließlich sind wir über Kyushu – das ist eine Insel im Süden Japans – auf dieses Vulkangebirge gestoßen. Das war unglaublich! Sechs oder acht Vulkane, einer neben dem anderen! Ich setzte mich mit Broccoli und Lewis Gilbert zusammen, und wir brüteten die Idee aus, das Hauptquartier des Bösewichts Blofeld solle sich in einem erloschenen Vulkan befinden. Broccoli fragte mich nach den Kosten. Ich hatte natürlich keine Ahnung und sagte einfach: »Vielleicht eine Million Dollar«. Er zuckte nicht mit der Wimper und sagte: »Gut, wenn es eine Million Dollar kostet, kannst Du es bauen«. Eine Million, das war 1966 unglaublich viel Geld! Deswegen sagte ich vorhin, ich war wohl leicht verrückt. Ich zeichnete die ersten Skizzen, und alle waren ganz zufrieden. Sie wußten ja nicht, was auf sie zukommt – ich auch nicht, offen gesagt. Doch ich versuchte, mich zu informieren. Um die Kalkulation für das Dekor zu erstellen, rief ich berühmte Ingenieure und erfahrene Firmen an – ich wußte, wir würden viel Stahl brauchen. Diese Experten waren nicht schlauer als ich, denn sie sagten: »Wenn wir das Empire State Building in New York bauen sollen, wissen wir, was das kostet. Aber hier handelt es sich um einen Fiberglas-See von 20 Meter Durchmesser. Und das Ganze 40 Meter hoch, obendrein schief, und der See soll sich auch noch öffnen lassen...«

Daraufhin bekam ich am ganzen Körper Ekzeme. Ich ging zum Dermatologen, der mir Valium empfahl. Ich hatte vor allem Angst vor dem totalen Absturz. Ich wußte: Gebe ich die Million Dollar aus und es funktioniert, bin ich ein Held. Funktioniert es nicht, bekomme ich nie wieder einen Auftrag. Gott sei Dank hat es funktioniert.

Aber es war eine wahnsinnige Geschichte. Zum Beispiel wußte keiner, was passiert, wenn der Hubschrauber durch die Öffnung des Kratersees in die Kulisse hineinfliegt. Wir wußten nicht, ob irgendwelche Auf- oder Fallwinde entstehen würden, und lauter so Sachen. Tausend Ungewißheiten. Der Hubschrauberlandeplatz war ja beweglich, und beim Bauen kippte er um. Die Verankerung hatte sich gelöst – zum Glück wurde niemand verletzt.

B.: Wie läßt sich ein derartiger Riesen-Set ausleuchten? Das muß doch wahnsinnig schwierig gewesen sein?

A.: Da hat mir Freddie Young sehr geholfen, er gehört zu den besten Kameramännern in England. Die Experten hatten gesagt: »Du bist wahnsinnig! Das kann keiner ausleuchten!« Aber Freddie behauptete, es ginge. Mit über 80 *brutes* als Lichtquelle hat es dann auch geklappt.

Der Set von YOU ONLY LIVE TWICE war das größte Innen-Außen-Dekor, das wir jemals gebaut haben. Die maximale Kameraposition erfaßte eine Totale von 130 Meter. Nicht gerade klein...

Der Bau des Vulkankraters für You Only Live Twice auf dem Außengelände der Pinewood Studios in London, 1966.

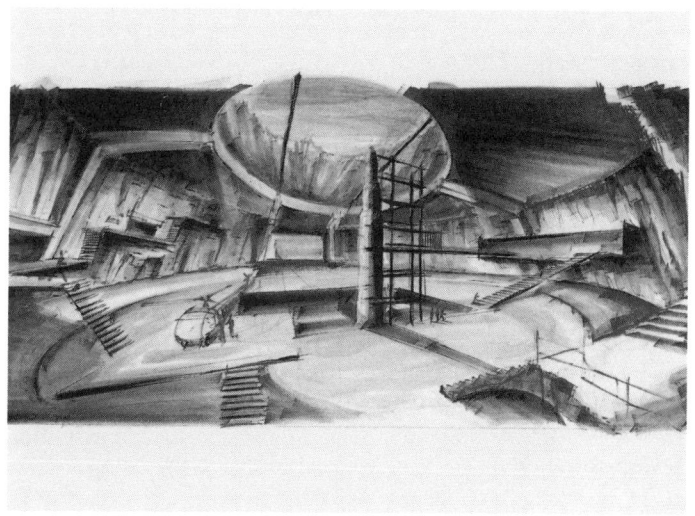

Entwurf für Blofelds Kommandozentrale im Inneren eines erloschenen Vulkans aus You Only Live Twice, 1966

B.: Wäre heute solch ein Set denkbar?

A.: Nein.

B.: Man nimmt Modelle?

A.: Ja, das ist sicherer und billiger. Der Erwartungsdruck war damals ungeheuer. Die 007-Filme waren auf der ganzen Welt populär. Bevor ich nur eine Skizze gezeichnet hatte, hatten die Produzenten schon die Aufführungstermine mit 3000 Kinos ausgehandelt. Wir hatten kein Skript, einfach gar nichts. Deswegen haben sie mir ja eine Million Dollar gegeben, um den Set zu bauen. Da bleibt einem nicht viel Zeit, um über Modelle und dieses oder jenes nachzudenken. Außerdem entwickelte sich der Set zum zentralen Angelpunkt der Handlung. Als ich die Modelle für die Sets anfertigte, kamen der Drehbuchautor, der Regisseur, der Produzent und legten die Handlung fest . . .

B.: Dann wurde das Drehbuch praktisch nach Deinen Bauten geschrieben?

A.: Ja.

B.: Der Set von You Only Live Twice war ein Outdoor-Set mit den entsprechenden Problemen: dem Wetter ausgesetzt, windanfällig. Ein paar Unfälle gingen ebenfalls auf das Konto des Wetters. Du warst immer der Auffassung, jeder Set sollte aus Kostengründen im Studio gebaut werden, in einer Halle, einem Hangar vielleicht. Bei Deinem nächsten Bond The Spy Who Loved Me stand jedoch *ein* Set von Anbeginn fest: das Innere eines Riesentankers, der drei Polaris-U-Boote schlucken sollte. Du hast lange nach einer passenden Halle gesucht?

A.: Das stimmt. Wir fanden nichts Brauchbares. Zwar gab es eine Halle, in der mal Zeppeline gebaut wurden, aber die war wiederum viel zu groß. Man hätte die Bauten nirgendwo richtig verankern können. Das wäre schrecklich teuer geworden. Deswegen kam mir die Idee, zusammen mit dem Dekor eine Halle zu bauen, um nicht denselben Fehler wie bei You Only Live Twice zu machen, nämlich einen witterungsempfindlichen Riesen-Set ins Freie zu stellen. Die Halle wurde gebaut und steht heute noch als die größte Studiohalle der Welt auf dem Gelände der Pinewood-Studios. Es ist ulkig, daß mich zur gleichen Zeit Rolf Zehetbauer von den Bavaria-Studios anrief, weil er mir ein U-Boot zeigen wollte. Ich war interessiert, flog nach München und er führte mir dieses phantastische U-Boot aus dem Zweiten Weltkrieg vor, das nur aus Stahl bestand und ein Vermögen gekostet haben muß. Aber es gab keinen Film dafür. Ich erinnere mich nicht mehr an Details, jedenfalls war das Drehbuch wohl irgendwie durchgefallen. Die Bavaria versuchte es Produzenten in Amerika, England, oder sonstwo schmackhaft zu machen. Ich erzählte Zehetbauer von meinen drei Atom-U-Booten in London. Leider konnte ich ihm nicht helfen. Aber später wurde dieser großartige Film Das Boot (1981) damit gedreht.

B.: Im Gegensatz zu den bisher gesehenen Skizzen gleichen die Entwürfe für den Tanker-Set eher Konstruktionszeichnungen.

A.: Sie sind überwiegend linear gehalten. Ich wollte die Größe dieses Riesentankers deutlich machen. Wie es zu dieser X-Konstruktion kam, weiß ich nicht mehr. Mir kommen die Ideen immer, wenn ich mit dem Zeichnen anfange.

B.: Existierte zu dem Zeitpunkt schon die legendäre 007-Studiohalle?

A.: Nein. Ich habe die Halle zur selben Zeit gebaut wie das Dekor. Das Dekor war Teil der Halle. Deshalb konnte die Halle stehenbleiben, als das Dekor abgebaut wurde. United

Artists machte sich schreckliche Sorgen, ob sie die Halle je wieder belegen würde. Doch die Halle wird bis heute intensiv benutzt. Sie ist optimal für richtig große Innenbauten. Nicht nur »Innenbauten«: Ganze Straßen lassen sich da hinein verlegen.

Bei anderen Dekors für den Film habe ich mit Kurven experimentiert, etwa bei der Kommandozentrale; ich hatte die geraden Linien satt und wollte mal mit Schwüngen, mit Bögen arbeiten.

B.: Du scheinst eine Vorliebe für den Globus zu haben? In jedem zweiten Film taucht ein Globus als auffallendes Element in der Dekoration auf. THE SPY WHO LOVED ME hast Du gar mit einer Weltkugel von fünf Metern Durchmesser garniert.

A.: Ja, ja, ein Psychoanalytiker hätte sicher was zu meinem Sexualleben zu bemerken . . .

Also, nimm doch mal Curd Jürgens' Unterwasserlabor Atlantis. Das Ding sah aus wie eine Tarantel oder eine Riesenspinne, die aus dem Wasser kommt. Das paßte mir wunderbar, weil ich die Innenausstattung schön kurvig gestalten konnte. Ich war damals auf Sardinien gewesen, wo ein französischer Architekt Häuser aus den Felsen »herausgehauen« hatte: Häuser wie Skulpturen. Ich versuchte eines dieser »Häuser« auszumessen, um es zu reproduzieren. Das war schwierig, fast unmöglich, weil nichts an ihnen den klassischen Architekturregeln entsprach. Ich habe mich bemüht, etwas von diesen Eindrücken umzusetzen.

B.: Diese Art von »Skulpturen« tauchen ja bereits in DR. NO auf. Du hast damals Safetüren in Felsgrotten eingebaut, wie Du auch sonst häufiger eine Verbindung zwischen Technischem und Organischem gesucht hast.

A.: In DR. NO gab es ein Riesenaquarium mit großen Fischen, das wir aus Kostengründen nicht bauen konnten. Wir

Entwurf des Laderaums des Tankers Liparus mit drei Polaris U-Booten aus
THE SPY WHO LOVED ME, 1976.

Entwurf der Kommandozentrale im Inneren des Supertankers aus THE SPY
WHO LOVED ME, 1976.

benutzten *stock-footage* von Goldfischen, die überlebens-
groß projiziert wurden. Die Zuschauer haben es akzeptiert,
denn sie wußten ja nicht, was das für Fische waren, diese
drei Meter langen goldroten Bestien . . .

B.: Dein letzter Bond war MOONRAKER (1979), der als Film
eher enttäuschte. Die Skizzen und Entwürfe allerdings waren wunderschön.

A.: Wir hatten einfach keine guten Ideen, außer der einen,
den Weltraum mit einzubeziehen. Das Schweben im Weltraum ist aber eine langsame und langweilige Angelegenheit.
Wir haben unglaublich viele komplizierte Dekors gebaut.
Kommerziell war MOONRAKER der größte Erfolg aller
Bonds, aber dramaturgisch, von der künstlerischen Qualität
her nicht. Für mich jedenfalls nicht.

B.: Stimmt es, daß der Zeitplan zu eng angesetzt war und Du
Dich nicht gründlich genug vorbereiten konntest?

A.: Oh ja, das stimmt. Früher, bei den großen Bonds vor
MOONRAKER hatte ich fast fünf Monate Zeit zum Planen und
Bauen. Auch das war eigentlich noch nicht genug. Den Vulkan für YOU ONLY LIVE TWICE habe ich in drei Monaten gebaut, das ging verdammt schnell.

B.: Du scheinst eine Vorliebe für den Kontrast Wasser/High
Tech zu haben. In vielen Bond-Filmen taucht beides immer
wieder als Motiv auf, so in MOONRAKER bei dem Gegensatz-
paar *Great Chamber* und der *Pyramid Control.*

A.: Wasser versus Technik hat mich schon immer fasziniert.
Wir ließen die Szene in Südbrasilien, zwischen Uruguay und
Argentinien spielen, und ich wollte den Kontrast zwischen
dem »Vorzimmer«, das ich als Dschungel angelegt hatte,
und dem pyramidalen »Mondrian«-Set betonen, der sehr
bunt und stilisiert wirkte.

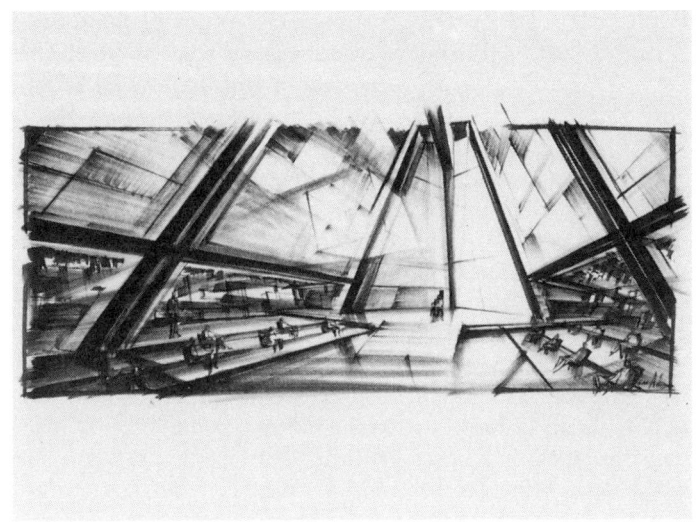

Entwurf für die »Great Chamber« aus MOONRAKER, 1978.

Ken Adam auf dem »Pyramid Control-Set« aus MOONRAKER, 1978.

B.: Michael Althen schrieb sinngemäß in der *Süddeutschen Zeitung:* »Was Q für James Bond war, ist Ken Adam für die James-Bond-Filme«. Die legendären *gadgets*, die Bond benutzt, sind ja Produkte Deiner Phantasie.

A.: Nicht nur *meiner* Phantasie, auch die meiner Mitarbeiter. Ich habe ein sehr gutes Team. Einige *gadgets* habe ich Assistenten überlassen, ich konnte nicht alles selber machen. Was wir in der Ausstellung im FORUM DER TECHNIK zeigen, sind alles meine Ideen, zum Beispiel der Gyrocopter, den »Q« in YOU ONLY LIVE TWICE aus Krokokoffern auspakken läßt.

Der Anstoß zu dieser Idee kam mir eines morgens beim Rasieren, als im Radio ein gewisser Wing-Commander Wallace von diesem Gyrocopter erzählte. Ich rief bei der BBC an und bekam seine Telefonnummer. Der Typ war interessiert, mich kennenzulernen und zeigte mir begeistert seine Flugmaschine. Ich habe sie zum Kampfflugzeug umgebaut. Das hat ihm sehr gefallen. Wir haben mit dem Gyrocopter in England und in Japan gedreht.

Etwas war für meine Arbeit von Anfang an charakteristisch: Ob es nun um ein U-Boot oder den schwimmenden Lotus ging – niemals hab' ich mich mit der Mechanik dieser *gadgets* beschäftigt. Mir wurde nämlich rasch klar, daß es irgendwo immer jemanden gibt, der die Dinge zum Funktionieren bringt. Und sie haben ausnahmslos jedesmal funktioniert! Bei den U-Booten sagte mir ein Typ in Florida: »Kein Problem! Vielleicht müssen wir nur ein wenig mehr Ballast einbauen«, oder »Die Maschinen sitzen zu hoch«. Auch für meine ausgefallensten Ideen gab es immer jemanden, der sie realisieren konnte. Für diese Menschen war das natürlich eine große Chance, weil sie als Erfinder und Tüftler nie das Geld hatten, ihre Vorstellungen zu realisieren. Bei mir bekamen sie ihre Chance.

Ein *gadget* à la Ken Adam: Entwurf des Laserraums aus GOLDFINGER, 1964.

Entwürfe für den »Moon-Buggy« aus DIAMONDS ARE FOREVER, 1971.

B.: Aber die *gadgets* in GOLDFINGER, wie James Bonds Sportwagen, der Aston Martin DB5, waren doch relativ reale Phantasien?

A.: Ja. Ich bin immer Sportwagen gefahren und habe mich oft fürchterlich über andere Autofahrer geärgert. Das waren ganz naive *gadgets*, die *overriders*, die wie Boxhandschuhe vorschnellen. Die Speichengeschichte habe ich aus BEN HUR geklaut. Doch vieles entsprang persönlichem Frust. Würdest Du nicht auch gern manchmal einen Schleudersitz haben?
Eine Geschichte werde ich nie vergessen. Wir hatten nur einen einzigen Aston Martin DB5, und den hatten wir uns nur mit Mühe besorgt. Wir drehten die Sequenz in den Pinewood-Studios zwischen den Aufnahmehallen, wo ich eine Ziegelsteinmauer-Attrappe gebaut hatte; ich wollte den kostbaren Wagen schließlich nicht beschädigen. Der Driver war Sean Connerys Stuntman Bob Simmons, ein guter Freund von mir. Ich warnte ihn: »Du mußt früh mit dem Bremsen anfangen, mindestens 100 Meter vorher, weil die Mauer Dich nicht aufhält«. Er sagte nur: »Keine Sorgen, das klappt.«. Und dann fuhr er mit 80 Sachen durch meine zarte Ziegelmauer und krachte zehn Meter dahinter in eine andere, sehr reale Mauer. Die Vorderpartie des Aston war völlig im Eimer, und wir mußten am nächsten Tag drehen. Unsere Special-Effects-Leute und ein paar Mechaniker von Aston Martin haben die ganze Nacht intensiv geschuftet, um das Ding zu reparieren. Ich habe Bob nie verziehen.

B.: PENNIES FROM HEAVEN von 1981, ein Musical von Herbert Ross, muß ein Traum für Dich gewesen sein. Du konntest rund 80 Prozent im Studio drehen?

A.: PENNIES FROM HEAVEN war eines der letzten großen Musicals, die bei der alten MGM in Hollywood gedreht wurden. Ursprünglich sollte es eine Menge Außenaufnahmen geben. Ich suchte zwei Wochen in Chicago nach Locations.

Entwurf der »L-Street« aus PENNIES FROM HEAVEN, 1980.

Entwurf für die Art-Deco Bank aus PENNIES FROM HEAVEN, 1980.

Ein Teil sollte natürlich im Studio gedreht werden. Schlechtes Wetter vor allem und die Abneigung des Regisseurs gegen Chicago brachten MGM dann dazu, alles im Studio zu drehen. Die Bauten verteilten sich auf vier Hallen bei MGM und drei Hallen in den Goldwyn-Studios sowie zwei weitere Studios. Ich habe komplette Chicagoer Straßen, etwa die L-Street, an der eine Hochbahn verläuft, und vieles mehr gebaut. In diesen Dekorationen sind dann Musical-Nummern à la Busby Berkeley entstanden.

Einen Teil des Sets habe ich in Anlehnung an Edward Hoppers Gemälde »Nighthawks« entworfen. Ich versuchte, das Ambiente Hopper-mäßig zu gestalten. (An anderer Stelle erläutert Ken Adam: In PENNIES FROM HEAVEN hätte ich die Gebäude natürlich so entwerfen können, wie sie in den dreißiger Jahren aussahen. Ich wollte aber eine Realität schaffen, die eben nicht die Wirklichkeit kopiert; (...) eine Realität verstanden als Impression jener Zeit. Als D. W. Griffith und Fritz Lang Filme machten, wurde fast alles im Studio gedreht. Nach dem Zweiten Weltkrieg änderte sich das. Italienischer Neorealismus, Cinéma-Vérité und das Fernsehen. Jeder drehte *on location*. Ich bin jemand, der sich um den »Look« eines Filmes Gedanken macht, und das ist für mich das Aufregende an der Studioarbeit: das Studio erlaubt mir, meine eigene Realität zu erzeugen, Vorhandenes neu und unterschiedlich zu kombinieren. – (Zitat aus: *Production Design: Ken Adam – Meisterwerke der Filmarchitektur*, Katalog zur Ausstellung im FORUM DER TECHNIK, DEUTSCHES MUSEUM, München 1994, S.102)

Das ist die Schalterhalle der Bank aus der Traum-Sequenz. Leider taucht die Szene im Film nicht auf, es wäre die letzte große Musical-Nummer gewesen, die sie in Hollywood gedreht hätten. Heute ist das zu teuer, weil die Tänzer so viel kosten. Wir hatten mehr als 120 Tänzer. Doch die Choreographen konnten die Szene mit nur vier Tänzern proben, weil es zu teuer gewesen wäre, die ganze Truppe schon für die Proben zu engagieren.

B.: Warum tauchst Du in den Credits von PENNIES FROM HEAVEN nicht als Production Designer auf?

A.: Das verdanke ich der Gewerkschaft in Hollywood. Das war wirklich ein Skandal! Zumal mich die New Yorker Filiale der Gewerkschaft zur Mitarbeit aufgefordert hatte und die New Yorker eine Übereinkunft mit Hollywood hatten, wonach ein Filmarbeiter aus New York auch in Hollywood arbeiten durfte. Hollywood teilte mir mit, ich dürfe nicht für Production Design verantwortlich zeichnen. Aber ich könne als Visual Consultant oder Associate Producer zeichnen. Dann haben sie mir beide Credits gegeben.
Das Ärgerlichste passierte, als der Film für einen Oscar für das beste Production Design nominiert werden sollte. Da erhob das »Komitee der Production Designer« mit der Begründung Einspruch, ich könne nicht nominiert werden, weil ich Associate Producer gewesen sei.
Heute gilt PENNIES FROM HEAVEN als Kultfilm. Er hat seinerzeit nicht viel Geld eingespielt. Aber wo immer ich hinkomme und über meine Arbeit spreche, wollen die Leute PENNIES FROM HEAVEN sehen. Die Qualität des Films besteht darin, daß er sehr dramatisch ist, die wirtschaftliche Depression in Amerika während der 30er Jahre zeigt und überdies noch viele gute Musical-Nummern enthält. Ich glaube, PENNIES FROM HEAVEN ist einer meiner besten Arbeiten.

B.: Empfindest Du es nicht als Ironie, daß Du ausgerechnet für Stanley Kubricks BARRY LYNDON 1975 den Oscar bekommen hast, einen Film, für den Du kaum etwas zeichnen, entwerfen oder bauen mußtest?

A.: Mit dem Oscar für BARRY LYNDON habe ich überhaupt nicht gerechnet. Das war schon blanke Ironie... Aber es ist immer wunderschön einen Oscar zu bekommen, und wenn nicht, ist es auch nicht schlimm.
Die Bond-Filme waren Kinohits, und niemand hat sich um den künstlerischen Wert geschert. 007 war Pop-Art.

Zweimal wurde ich für den British Academy Award nominiert, einmal für GOLDFINGER, später für THE SPY WHO LOVED ME. 1965 bekam ich dann tatsächlich den Award für THE IPCRESS FILE, dessen Realismus ein wenig an italienisch-französischen Vorbildern orientiert war. Michael Caine spielt die Hauptrolle.

Heutzutage werden die Oscars eher für Filme vergeben, die wie BARRY LYNDON in existierenden Dekors gedreht wurden. Natürlich ist der Production Designer auch hier eminent wichtig. Bei Filmen wie HOWARDS END (1992) oder THE REMAINS OF THE DAY (1993), die hauptsächlich in exquisiten englischen Landhäusern spielen, bestand die Hauptaufgabe des Production Designers darin, diese Art Landhäuser zu finden. Da hatte man dann Dekors mit historischen Möbeln und Bildern aus dem 18. Jahrhundert. BARRY LYNDON war für mich eine Herausforderung, weil Kubrick gewissermaßen einen »Dokumentarfilm« des 18. Jahrhunderts machen wollte. Die Basis meiner Arbeit waren hunderte von Dias, die Gemälde aus jener Zeit zeigten. Alles ging von diesen Bildern aus. Ich suchte die Locations, d.h. Landschaften und Häuser, die für das 18. Jahrhundert gelten konnten. Bei den Häusern entstanden manchmal quasi Collagen. Das Haus von Lady Lyndon war aus Aufnahmen von sechs verschiedenen Häusern zusammengesetzt. Diese Arbeitsweise liegt mir nicht besonders, weil ich lieber meine Phantasie benutze.

B.: Du hast die Farben, die Kostüme, das Make-Up der Schauspieler überwacht?

A.: Ja, all das. Kubrick hatte manchmal direkt was Sadistisches. Er kapierte nicht, was Production Design eigentlich ist, und wenn er mich dann ärgern wollte, sagte er gern: »Du bist doch der Production Designer in diesem Film? Also bist Du verantwortlich für die Kostüme, für die Perücken, für das Make-Up, und das ganze Drumherum.« Dabei hatten wir eine Kostümbildnerin, die Schwedin Ulla-Britt Söderlund!

Kubrick wollte kein Geld für das Ausleihen von Kostümen rausrücken, obwohl bei den Verleihfirmen genügend Kostüme vorhanden waren. Uns blieb nichts anderes übrig, als die Kleider selbst zu nähen, natürlich in der Nähe von Kubricks Haus. Alles mußte »bei ihm um die Ecke« stattfinden, weil er keine Lust hatte, irgendwohin zu gehen oder zu fahren. Meine Frau hatte einen sehr guten Schneider, Willy, der bei der Oper in Covent Garden arbeitete. Willy brachte Kostümbildner der Oper mit, dazu kam Ulla-Britt Söderlund und schließlich noch Milena, eine italienische Bekannte meiner Frau. Milena schickte ich auf Auktionen, um historische Kostüme aus dem 18. Jahrhundert zu kaufen. An diesen Kostümen merkte man, wieviel kleiner die Leute damals gewesen sein müssen. Niemand paßte in die Kleider hinein. Wir trennten alles auf und fertigten größere Schnitte an. Das war eine Sau-Arbeit! Um 5 Uhr früh pflegte ich in unserer »Manufaktur« die Kostüme zu inspizieren. Manchmal weckte ich Kubrick und nahm ihn mit. Eines Tages begeisterte er sich für die Riesenmanschetten des 18. Jahrhunderts. Alle Kostüme mußten diese Manschetten haben. Dann sollten auf einmal die Schauspieler auch in den Drehpausen die Kostüme tragen. Es war verboten, von »Kostümen« zu reden, das war »Kleidung«! Im Grunde genommen hatte Kubrick natürlich recht. Ryan O'Neal hatte allerdings so dünne Beine, daß wir seine Hosen auspolstern mußten.
Was die Ausleuchtung angeht, da wollte Kubrick nur »natürliches« historisches Licht, das hieß echte Kerzen. Wir redeten von nichts anderem mehr als von *candlepower* und experimentierten mit Kerzen mit einem Docht, mit zwei, drei und vier Dochten. Die Hitze bereitete große Probleme. Über den Leuchtern mußten Schutzschilde aus Metall gehängt werden, damit die Decken nicht ansengten. Kubrick ließ für die Kamera ein Spezialobjektiv mit 0,7 Lichtstärke anfertigen, bei Zeiss, glaube ich. Der Beleuchtungseffekt war phantastisch, mit all den Kandelabern.
Die Kartenspielszene wurde in Dublin Castle gedreht. Kubrick wollte eigentlich nicht nach Irland. Aber ich habe

ihn doch dazu bewegen können. Da wollte er plötzlich den ganzen Film, egal ob die Handlung in Frankreich oder Deutschland spielte, nur noch in Irland drehen, ein Unding. Mit Jan Schlubachs Hilfe ließ sich Kubrick umstimmen: Die »deutsche« Szene wurde im Schloß Sanssouci in Potsdam – damals noch DDR – gedreht. Sie ist unglaublich stilisiert und unglaublich schön, auch wenn Kubrick nichts damit zu tun hatte, weil er sich ja nie von seinem Zuhause trennt. Es gab natürlich viele Schwierigkeiten in Berlin. Aber ich glaube, das Ergebnis hat uns alle entschädigt.

B.: Jetzt ist Götz Weidner aufs Podium gekommen, ein deutscher Filmarchitekt, bekannt durch die beiden Teile der UNENDLICHEN GESCHICHTE (1984/1990), durch DAS BOOT sowie die Fernsehserie RAUMSCHIFF ORION und rund hundert weitere Fernsehproduktionen.
Ken Adam hat seine Arbeit mit der angelsächsischen Bezeichnung Production Designer umschrieben. Läßt sich dieses Berufsbild auch auf die Situation in Deutschland übertragen?

Götz Weidner: Das Berufsbild im allgemeinen schon. Nur sind die Größenordnungen anders anzusetzen. Wir tun ab und zu Dinge in der Größenordnung Production Design, aber das sind Sternstunden. Der Alltag bedeutet kleinere Teams. Auch Ken Adam hat sicher schon mit Teams von nur drei, vier Leuten gearbeitet.

A.: Das kommt ganz auf die Größe des Films an. Man muß sich auf das Sujet und natürlich auf das Budget einstellen. Bei uns ist es so, daß ein Produzent, der einen Film machen will, erst den Regisseur auswählt und dieser sagt wiederum, ich möchte den und den Production Designer. Beide arbeiten dann ein paar Monate zusammen, bevor der Kameramann dazukommt.

Entwurf der Küche aus GIDEON'S DAY, 1957.

W.: Die Situation ist bei uns ähnlich. Auch wir sind früh ins Filmgeschehen involviert. Und auch bei uns ist das Drehbuch oft skizzenhaft, so daß wir den Stoff mitentwickeln können. Selbst bei kleineren Fernsehserien gibt es manchmal noch kein Buch, und man kann eigene Ideen einbringen, die ins Buch eingehen. Das ist ein kleiner, interessanter Aspekt unseres Berufs.

Was mir an Kens Arbeitsbeschreibung gefallen hat, sind die Möglichkeiten englischer und amerikanischer Production Designer, schon im Vorfeld auf die Beleuchtung, die Lichtführung eines Films Einfluß zu nehmen. An diesem Punkt stoßen wir in Deutschland auf den harten Widerstand der Kameraleute. Sie wollen sich halt ihre Arbeit nicht vorschreiben lassen. Natürlich gibt es Effekte, die die Kamera festlegen, wie der *War Room* mit dieser großen runden Lampe in Kubricks DR. STRANGELOVE. Das war eine tolle Idee, aber ein Zwang für den Kameramann, die Szene nur von dort zu beleuchten.

53

Eine Sache interessiert mich besonders: Wie reagieren Sie, Ken, wenn Sie ins Studio kommen und bemerken, daß jemand, der nichts mit dem Art Department zu tun hat, ein Detail Ihres Entwurfs – einen Kronleuchter z. B. – entfernt hat?

A.: Na, da bin ich sehr ärgerlich. Ich recherchiere erstmal, wer das gemacht hat und warum. Das kommt aber selten vor, außerdem kann ich ganz schön sauer und muffelig reagieren. Gelegentlich bittet mich ein Kameramann, ihn mehr Licht setzen zu lassen, aber jeder weiß, daß da ohne mich nichts läuft.

W.: Sie müssen auf jeden Fall gefragt werden?

A.: Aber sicher!

W.: Bei uns ist leider immer mehr das Gegenteil der Fall.

A.: Das könnt Ihr nicht zulassen! Wenn das passiert und Ihr nicht protestiert, versuchen die es immer wieder. Man sollte wenigstens darüber reden. Der Kameramann *muß* sich mit Ihnen beraten: »Liegt Dir viel an dem Objekt da, mich stört es«, und so weiter. Hat der Kameramann recht, sage ich natürlich O.K.

W.: Weil wir – anders als vielleicht Ihr – sehr viel neben den Drehs erledigen müssen, können wir nicht immer am Set sein. Und damit stehen wir dem Regisseur, dem Kameramann nicht ständig zur Verfügung, um Fragen zu klären wie »Das Ding da macht mir zuviel Licht, kannst Du nicht was anderes erfinden«? Oder gar um einen letzten Blick durch die Kamera zu werfen. Das geht oft nicht wegen der ganzen anderen Arbeit, die wir noch zu leisten haben.

A.: Klar, so geht es auch bei uns zu. Aber ich habe meine Spione auf dem Set, die mich anrufen und sagen: »Hör mal,

Ken, der führt was im Schilde«. Und dann flitze ich hin. Das sind zumeist *setdressers, dressingprops,* die auf dem Set anwesend sein müssen. Die stecken mir gleich, wenn da irgendetwas verschoben wird.

W.: Da wir gerade beim Thema »Teams« sind – wir haben immer wieder das Problem, Nachwuchsmitarbeiter, die sich bei einem Film bewährt haben, bei der nächsten Produktion als gleichberechtigte Kollegen hinzuzuziehen. Das wird immer mit dem Argument abgelehnt: »Sehen Sie, das ging doch auch so, und warum sollte dann Herr Soundso...«

A.: Verstehe ich richtig, daß Sie das alles alleine machen müssen?

W.: Nicht, alles. Es gibt immer noch den Propman, den Innenrequisiteur. Aber bei Produktionen, die an Originalschauplätzen gedreht werden, bekomme ich eher mehr Vorbereitungszeit als den wichtigen zweiten Mann, der die Sachen ausführt, der am Set dabei ist, und der einen informiert über das, was am Set passiert. Bisher kämpfen wir erfolglos für diesen »zweiten Mann«. Ich denke, unsere Produktionsleiter und Produzenten sollten endlich aufwachen und eingestehen, daß die Arbeitsteilung in England und U.S.A. eine feine Sache ist, die wir hier auch gebrauchen können.

A.: In der Beziehung habe ich nie Schwierigkeiten gehabt. Aber ich bin auch sehr realistisch. Ich möchte nicht mehr Leute haben, als ich unbedingt brauche. Im Budget einer amerikanischen oder englischen Produktion sind heute immer ein Production Designer, ein Art Director und meist zwei Zeichner vorgesehen. Dazu kommen natürlich noch andere Mitarbeiter, wie Setdresser, vielleicht ein Modellschreiner, wenn im Studio gedreht wird. Aber ein ganz normaler Film rechnet mit einem Production Designer plus drei Mitarbeitern.

W.: Ist unter diesen Mitarbeitern für die Ausarbeitung der Skizzen ein *Scenic-Artist*?

A.: Nein. In Amerika haben diese Illustratoren eine sehr starke Gewerkschaft, und die sagten doch tatsächlich, ein Production Designer dürfte keine Skizzen anfertigen. Dafür sei der Illustrator da. Da habe ich mich natürlich gewehrt. Sonst dürften viele Production Designer nicht einmal mehr zeichnen. Doch kann ich mir nicht vorstellen, daß man in Deutschland vom Art Director und Production Designer erwartet, er solle allein arbeiten. Das ist mir neu.

W.: Ich meine nicht so sehr die Spielfilme, bei denen es eine bessere Personalausstattung gibt. Bei DIE UNENDLICHE GE-SCHICHTE hatte ich ein Team wie das, was Sie vorhin beschrieben haben. Bei einem ad hoc zusammengestellten Team kann ich keine Experimente riskieren. Es ist riskant mit Leuten zu arbeiten, deren Stil man nicht kennt.
Ich will auf das Ausbildungsproblem kommen. Früher sind die Jugendlichen, die Art Director werden wollten, im Rahmen eines größeren Teams einfach so mitgelaufen, haben hier und dort reingeschaut, mitgemacht, eine Woche, zwei Wochen. Anfangs haben sie vor allem zugeguckt, um sich hernach um so besser einzubringen. Dieses Vorgehen können wir uns im Augenblick nicht leisten. Es sei denn, die jungen Leute arbeiten ohne Entgelt, was ich nicht gut finde. Wir kämpfen darum, wenigsten einen »Azubi« am Set zu haben.

A.: Das finde ich auch sehr wichtig. Ich habe ein ähnliches Problem, wenn ich im Ausland arbeite: Die richtigen Mitarbeiter zu finden ist immer ein Problem. Mir fällt auf, daß man in den letzten Jahren vor allem in Amerika nicht so leicht gute Assistenten findet wie etwa in England oder in Amerika vor zwanzig Jahren. Heute muß man die mit der Lupe suchen.

Entwurf des Wohnhauses der Addams Familie aus THE ADDAMS FAMILY VALUES, 1993.

W.: Wie erklären Sie sich das? Es entstehen doch immer mehr und immer größere Filme.

A.: Ja, es werden mehr Filme und mehr TV-Arbeiten gemacht, aber was das Production Design betrifft, sind die nicht gerade auf hohem Niveau. Es gibt kaum Nachwuchs, der so wie Sie oder ich das Metier gelernt hat. Jetzt erst richten die Filmschulen wie UCLA, AFI und andere allmählich Scenic Design Departments ein. Der beste Weg ist immer noch die Praxis: Wir müßten bei jedem Film einen Trainee auf dem Set haben.
Bei THE ADDAMS FAMILY VALUES (1993) hatte ich nur acht Wochen für diese Riesen-Dekors, die auf sieben Studios verteilt waren. Mein Team bestand aus zwölf Leuten, die ich fast alle nicht kannte. Da waren z. B. drei liebe Jungs, sie nannten sich Production Designer, und zeigten mir ihre Arbeitsnachweise. Sie hatten drei oder vier Filme gemacht und hatten dennoch keine Ahnung. Aber sie waren sehr nett! Ei-

ner von ihnen, ein Farbiger, kam jeden Morgen schon um fünf Uhr ins Studio, um möglichst viel zu lernen. Doch der Zeitdruck erlaubte mir nicht, ihm den Luxus einer Lehre-auf-dem-Set zu gönnen. Wie Sie gerade sagten, wenn man Zeit hat, kann man auch Leuten etwas beibringen.

Schließlich habe ich zu den Jungs gesagt: »Es tut mir schrecklich leid, aber ich brauche andere Assistenten.« Da wollten sie ohne Honorar für mich arbeiten, als Trainees, und ich versuchte das beim Management von Paramount durchzuboxen. Aber da sagte man mir nur: »Wenn die Leute nicht gut sind, besorgen Sie sich andere. Die drei müssen weg.« In amerikanischen Studios gibt es kein Mitgefühl, keine Sentimentalität.

Jan Schlubach (Filmarchitekt): In Deutschland gibt es eine Reihe von Filmförderungsmaßnahmen, deren Richtlinien die Auflage enthalten, Trainees zu beschäftigen; ein Teil von Förderungsgeldern *muß* also für Trainees verwandt werden. Leider landen diese meistens bei der Produktion. Ich habe mit Trainees nur gute Erfahrungen gemacht. Man vergißt leicht, daß man Trainees nicht nur im Bereich Produktion, sondern auch beim Scenic Design einsetzen kann.

W.: Der »zweite Mann«, der uns am Set zur Verfügung stehen sollte, kann aber nicht durch einen Trainee ersetzt werden.

Jan Schlubach: Aus den Richtlinien geht klipp und klar hervor, daß Trainees Auszubildende sind und keine Arbeitskraft ersetzen dürfen.

A.: Gibt es denn bei Euch keine gewerkschaftlich ausgehandelte Mindestbesetzung für ein Art Department? Heißt das, Jan, Du könntest auch alleine arbeiten statt mit einer Crew?

Jan Schlubach: Niemand hätte etwas dagegen, außer uns selbst. Aber wir kümmern uns jetzt darum.

A.: Mir scheint Euer Department die einzige Abteilung zu sein, die so schlecht behandelt wird.

Jan Schlubach: Ja.

A.: Kannst Du Dir vorstellen, daß ein Kameramann ohne Kameraassistenten oder Schärfenzieher arbeitet – nein! Das sind doch unverzichtbare Notwendigkeiten! Das ist ein Zustand, gegen den Ihr ankämpfen müßt. Das sagt sich so leicht. Wenn kaum Filme gedreht werden, wo kämpft man?

Jan Schlubach: Diese Ausstellung und Dein Erfahrungsbericht helfen uns natürlich, machen uns Mut. Wenn man hört und sieht, wie und was Du bei DR. No mit nur £ 20.000 auf die Beine gestellt hast, und der Film auch noch Erfolg hatte, läßt das für die eigene Arbeit hoffen.

A.: Ich bin nicht größenwahnsinnig. Überdimensionale Art Departments liebe ich überhaupt nicht. Die Arbeit fällt leichter, wenn man jeden Mitarbeiter kennt und jeder ein Experte ist. Bei den Bond-Filmen war eine gewisse Größe freilich unabdingbar – aber ich arbeite lieber mit ein, zwei talentierten Leuten als mit vier untalentierten. Mitarbeiter braucht man auf jeden Fall, sonst klappt gar nichts.

Frage aus dem Publikum: Die deutschen Filme haben zum Teil das Interesse und die Liebe für die Bilder verloren, nehmen sie nicht mehr ernst. Viele Filmemacher versuchen, in der Realität, *on location* zu drehen. Sie setzen dabei voraus, daß die Realität, so wie man sie draußen vorfindet, per se für den Film geeignet sei. Sie interessieren sich wenig für die Bilder, die dabei herauskommen. Ich glaube, auch bei der heutigen Veranstaltung sind kaum Regisseure oder Produzenten anwesend. Das ist genau das Problem des deutschen

Films: Er existiert dank Subventionen und nicht dank Qualität.

W.: Ich würde gern Ken Adam ein Plädoyer für das Studio entlocken. Es ist kurzsichtig und unsinnig zu behaupten, wir könnten und wollten nicht ins Atelier, weil es zu teuer sei.

A.: Ich gebe Ihnen recht, auch wenn ich die Lage in Deutschland hinsichtlich der Kosten nicht 100% beurteilen kann. Aber gerade bei meinem jetzigen Film, BOYS ON THE SIDE, der gerade in der Produktion ist, hat sich diese Frage eindringlich gestellt. Der Film ist unter dem Aspekt Design nicht sonderlich aufregend. Ich mache im Grunde nur mit, weil der Regisseur Herbert Ross ein Freund von mir ist. Es ist ein Film über drei Frauen und deren Beziehungen untereinander. Meine Entwürfe können dem Film höchstens zu einem Stil verhelfen. Was die Dekors anbelangt, gibt es nichts Spektakuläres, es ist halt ein *independent picture* für wenig Geld. Wir drehen an Locations in New York, in Pittsburgh und in Tuscon, Arizona. Aber nun kommt das Interessante: Nach Beginn der Dreharbeiten kamen wir zu der Erkenntnis: »Warum haben wir nicht alles im Studio gebaut, das wäre billiger gewesen!«

W.: Und wer hatte diese Einsicht?

A.: Seltsamerweise unser *Line Producer*, der Produktionsmanager, der wirklich jeden Penny umdreht. Als wir in einem New Yorker Nachtclub mit unglaublich viel Atmosphäre drehen wollten, fragte er: »Warum baust Du den Club nicht im Studio?« Und es käme wirklich billiger, weil man die Kosten für den Transport und vor allem für Spesen spart.

W.: Also Essen und Hotelkosten.

Entwurf für das Restaurantzelt im Inneren einer Scheune aus THE FRESH-
MAN, 1989.

A.: Ja, vor allem das. Außerdem kann man in einem Nachtclub nur zu bestimmten Stunden drehen. Als praktische
Konsequenz dieser Einsicht baue ich jetzt in fünf Studios.

W.: Und ist das tatsächlich billiger?

A.: Ganz bestimmt.

W.: Wir brauchen solche Beispiele. Bei uns heißt es immer
völlig kategorisch »entweder – oder«. Wir können nur
schwer beweisen, daß es andersherum billiger oder teurer
geworden wäre.

A.: Das Problem ist halt, daß es nicht genügend gute Produktionsmanager und Produzenten gibt. Die Sache verläuft
zyklisch. In den zwanziger Jahren, ob das in Deutschland,
Frankreich, England oder Amerika war, drehte man Filme

hauptsächlich im Studio, weil die technischen Mittel fehlten, draußen zu drehen. Man hatte nicht die Kameras, man hatte nicht die Linsen und auch kein lichtempfindliches Filmmaterial. Selbst Regisseure, die viele Außenaufnahmen drehten – wie zum Beispiel John Ford -, haben für intime Szenen immer das Studio benutzt, zumal sie dabei mehr Kontrolle ausüben konnten, besonders über die Stars. Eine filmische Revolution ging von Italiens Neorealismus und von Frankreichs *Nouvelle Vague* aus. Es entstanden Filme, die in der *Wirklichkeit* gedreht wurden. Mit den neuen technischen Hilfsmitteln gingen alle nach draußen. Jetzt hieß es auf einmal, die Studios seien zu teuer.

Meiner Ansicht nach ist diese Ära vorbei. Man entdeckt, daß Filme, die an Originalschauplätzen gedreht werden, teurer sind als solche, die im Studio entstehen. Natürlich kommt es darauf an, wo man dreht. New York ist sehr teuer. Berlin auch, nehme ich an. Ich kann Amerika besser beurteilen: Chicago ist teuer; und Los Angeles ist zu teuer, um *on location* zu drehen. Deswegen wundert es nicht, daß die Produzenten ins Studio zurück wollen. Aber dann müssen sie sich fragen, welcher Production Designer ihren Film für ein Studio ausstatten kann. Und da ist die Auswahl sehr, sehr gering.

Frage aus dem Publikum: In Deutschland ist der Zug doch längst abgefahren. Wo gibt es denn überhaupt noch die erforderlichen Studiokapazitäten? Außer der Bavaria haben wir nur noch die Studios in Babelsberg.

W.: Und jetzt soll schon wieder eine Bavaria-Halle für ein Filmtour-Kino geopfert werden. So was muß man verhindern. Das muß mal öffentlich gesagt sein: Wenn es ökonomisch gerechtfertigt ist, im Studio zu drehen, sollten wir die notwendigen Studiokapazitäten heranschaffen, selbst wenn das bedeutet, neue Studios zu bauen.

Frage aus dem Publikum: Ich frage mich, ob es in Deutschland überhaupt noch Regisseure gibt, die in der Lage sind, im Studio zu drehen?

W.: Ich habe in der letzten Zeit gute Erfahrungen gemacht, besonders im letzten Jahr in Babelsberg mit Bernhard Sinkel, der gerne im Studio arbeitet. Sein letzter Film, DER KINOERZÄHLER (1993), ist allerdings kein großer Erfolg gewesen. Aber es war immerhin ein Anfang, und für uns als Filmarchitekten, Szenenbildner, Production Designer – wie man uns auch nennen will – ein großes Vergnügen. Wir wollen nicht immer irgendwo hingehen, klingeln und fragen müssen, ob wir hier drehen dürfen. Das ist der negative Aspekt unserer Arbeit.

Es macht viel mehr Spaß, aus meiner Phantasie heraus etwas zu bauen als winzige Veränderungen an der Wirklichkeit vorzunehmen, z. B. eine Wand zu versetzen.

A.: Sie haben recht, so müßte es sein. Also ich bin entsetzt über das, was Sie mir erzählen.

Frage aus dem Publikum: Ich habe noch eine Frage zum Inhalt der Arbeit eines Production Designers. Wir haben vorhin viele Ausschnitte gesehen von einzelnen Phasen eines Filmes, für die das Design bedeutsam war. Sie hatten aber eingangs gesagt, daß es für Sie ganz wichtig ist, den Stil, die Stimmung des *ganzen* Films zu bestimmen. Dazu würde ich gerne von Ihnen erfahren, wie Sie diesen Stil, diese von Ihnen gewünschte Charakteristik, dem Regisseur, dem Kameramann und teilweise auch dem Drehbuchautor nahebringen. Wie haben Sie das, was Ihnen als unverzichtbare Elemente vorschwebte, umgesetzt, erklärt und dann – vielleicht auch am Beispiel von Filmen, wie wir gesehen haben – durchgezogen?

A.: Das kommt auf das Sujet an, auf das Drehbuch. Um das Dramatische einer Geschichte zu akzentuieren, benutzt man vielleicht Farbe oder lieber Schwarzweiß; man plant Szenen in Sepia oder man will nur Stilisierung, keine realistischen Einstellungen. All das muß man mit dem Regisseur besprechen und seine Reaktion beobachten. Zu manchen sagt man: »Kennst Du die Photographien jenes berühmten *stills photo-*

grapher, die er während der Depression gemacht hat? Würde es Dir gefallen, wenn ich den Film in der Art entwerfe?« Man muß Vorschläge machen, mit Ideen herüberkommen. Das läßt sich nicht festlegen. Es kommt ganz darauf an, was für einen Film man macht.

Ich bin wirklich entsetzt über das, was Götz vorhin gesagt hat, nämlich, daß er an Türen klopfen muß, um zu fragen, »Kann ich hier drehen?« Das ist nicht die Aufgabe des Production Designers. Auf gar keinen Fall. Das ist auch früher nie so gewesen. Deutschland war schließlich mal führend – ich rede jetzt von den 20er und 30er Jahren – in Sachen Bühnenbild und Film Design. Ich wurde beeinflußt von den expressionistischen Malern, die DAS CABINET DES DR. CALIGARI (1919) gemacht haben. Wo ist diese Tradition geblieben? Die aktuelle Situation ist unglaublich.

Frage aus dem Publikum: Mich würde interessieren, Herr Adam, wie Sie die neuen technischen Möglichkeiten des Einsatzes von Computern sehen? Wo liegen deren Chancen, wo die Grenzen?

A.: Die Frage ist mir hier in München häufig gestellt worden. Ich kann nur sagen, ich verstehe nicht genug von Computern. Andererseits hat natürlich jedes meiner Art Departments Computer. Und trotzdem verstehe ich nicht genug davon. Vielleicht liegt es an meiner Faulheit oder meinem Alter, daß ich mich nicht wirklich dafür interessiere.

Die Computer können eine große Hilfe sein, aber sie können nicht das Talent eines Künstlers, eines Designers ersetzen. Außerdem hat bisher jedes Jahrzehnt seine spezifischen Hilfsmittel entwickelt. Es gab Special Effects, die *matte paintings* zum Beispiel, bei der Glasgemälde vor die Kamera gestellt wurden, wodurch man auf den Bau von Sets verzichten konnte.

Als ich 1945 in England zum Film kam, gab es dort einen Production Designer namens David Rawnsley, der den *independent frame* erfunden hatte. Alle arbeiteten mit dem *in-*

Ken Adams Entwurf für die Wanddekoration der Coffee Bar »Cul-de-Sac«
in der Brompton Road in London, 1954.

dependent frame. Die Firma Vickers Armstrong baute für
zwei Millionen Pfund hydraulische Plattformen, die Pinewood heute noch benutzt, und jede Menge von Rückprojek-
tionsleinwänden, sogenannte Rear-Projection-Screens. Damals wurde ein Film komplett im Art Department entworfen,
das sämtliche Kadrierungen durch die Verwendung von
Rear-Projection-Screens auf verschiedenen Ebenen festlegte.
Der Regisseur konnte nur das drehen, was ihm das Art Department vorgab. Das ließen die Regisseure zwei Filme lang
mit sich geschehen. Dann verfaßten sie einen Protest gegen
diese Beschneidung ihrer Ausdrucksmöglichkeiten, und die
Sache war gestorben.
Alle paar Jahre gibt es etwas Neues, Gott sei Dank. Jede
neue Technik hat ihre Vorteile. Aber den Individualisten,
den Menschen, den Künstler wird sie nie ersetzen.

W.: Man kann vielleicht einmal die Kamera ersetzen ...

Frage aus dem Publikum: Mich überrascht die Diskrepanz zwischen einer verstärkt ausgestellten Künstlichkeit, die man in Filmen der letzten 10 Jahre zunehmend beobachten kann, und dem als desolat bezeichneten Ausbildungsstand in Ihrem Beruf.
Der Paradigmenwechsel fällt doch schon im französischen Kino der 80er Jahre auf, wenn man an Filme von Jean-Jacques Beineix oder Leos Carax denkt, die im Vergleich zur *Nouvelle Vague* eher den Aufbau von in sich geschlossenen ästhetischen Welten vorziehen. Deshalb wundert es mich, daß man solche Verluste in den Fertigkeiten Ihres Berufstandes feststellt. Werden dann diese vor Künstlichkeit strotzenden Bilder in der ästhetischen Praxis durch vermehrten Einsatz von Computeranimation ermöglicht, wie zum Beispiel in DICK TRACY?

A.: Ja, nur daß DICK TRACY zu 80 Prozent gebaut wurde. Über den Einsatz von Computern in meinem Department kann ich was Hübsches erzählen. Für THE ADDAMS FAMILY VALUES hatte Paramount-Produzent David Nicksay mir ein paar Computer hingestellt. Nicksay und seine Frau wollten mir helfen. Sie machten von allen meinen Zeichnungen phantastische Farbkopien. Ich hatte u.a. einen Friedhof mit einem Glashaus entworfen. Beim Herumspielen am Computer haben sie meinen Entwurf völlig entstellt und total verkitscht! Und das waren die neuesten Computer, die ein Vermögen gekostet hatten. Zweifellos konnte man mit Hilfe des Computers gute Farbreproduktionen von meinen Skizzen machen. Meine Entwürfe wurden auch auf Video aufgezeichnet und in den Computer transferiert. Und so konnte man mit dem Computer durch die Sets wandern. Super! Unglaublich! Aber Paramount hat nach diesem Film die Computer-Abteilung aufgelöst. Mit Computern zu arbeiten, bringt sicher Vorteile, aber die können eben doch nicht das individuelle Talent oder die künstlerische Anstrengung ersetzen. Das ist genau dasselbe bei *travelling matte-shots, blue screens* und all den Hilfen, die wir benut-

zen. Trotzdem greife ich besonders gerne auf die Vorsatz-
modelle der 30er oder 40er Jahre zurück. Die waren praktischer.

W.: Und machen mehr Spaß.

A.: Ja, und machen mehr Spaß! Dennoch finde ich die gegenwärtige Situation sehr deprimierend. Ich habe immer dagegen gekämpft. Selbst in Amerika ist die Lage nicht rosig,
da in den letzten Jahren viele Filme nur aus Außenaufnahmen bestanden und sich viele Leute Production Designer
nennen, die überhaupt kein Recht dazu haben. Das hat unseren Ruf angeknackst. Vielleicht nicht meinen persönlichen
Ruf, ich habe ein internationales Prestige wie Paul und Richard Sylbert oder z. B. Dean Tavoularis. Aber meine Kollegen müssen selbst dann noch kämpfen, wenn die Kritik sie
für gute Filmentwürfe lobt.

Frage aus dem Publikum: Ich will noch einmal auf die Stu-
dio-Problematik zurückkommen. Ich denke, für diese Arbeit braucht man enorme Erfahrung, um wirklich alles zu
berücksichtigen. Im Vergleich zu Amerika und England
mangelt es hier in Deutschland daran. Um dem abzuhelfen,
böte sich das Storyboard an, von dem aber selten Gebrauch
gemacht wird. Das ist eine Frage an Dich, Götz. In welchem
Stadium tritt eine Produktion an Dich heran? Gibt es da unter Umständen schon ein Storyboard oder erarbeitet Ihr das
zusammen?

W.: Ich würde angesichts unserer Filmtradition nicht unbedingt von mangelnder Erfahrung sprechen. Aber wir befinden uns in einer Talsohle, das läßt sich mit Bestimmtheit sagen, bedingt durch die Mode, alles vor Ort zu drehen. Das
hat den Erfahrungsschatz bei vielen Leuten verringert.
Zum Storyboard möchte ich folgendes sagen: Es ist da un-
verzichtbar, wo ein kompliziertes Zusammenspiel von Kameramann, Regisseur und Ausstatter notwendig ist. Eine

normale Spielszene, in einer Küche etwa, muß nicht als Storyboard gezeichnet werden. Bei Kombinationsaufnahmen, bei Stunt-Szenen, bei komplizierten Auflösungen ist das Storyboard dagegen absolut nötig. Wir machen das zumeist selbst. Deswegen muß kein Storyboard-Zeichner hinzugezogen werden. Das Storyboard entsteht in Zusammenarbeit mit dem Regisseur. Ich mache es wenigstens so.

A.: Da hast Du aber viel Talent, wenn Du das alles schaffst.

W.: Ich muß ja immer nur wenige Szenen ausarbeiten.

A.: Was Storyboards betrifft, teile ich Götz' Auffassung. Ich verstehe, daß *Television Commercials* Storyboards brauchen. Die großen Regisseure, mit denen ich gearbeitet habe, nehmen Storyboards nur für *Action-* und *Special-Effects*-Sequenzen und für die Kombination mit Szenen, die die *Second Units* drehen. Junge Regisseure machen häufig den Fehler, daß sie nur aufs Storyboard schauen und versuchen, es möglichst genau abzudrehen. Das endet meist in einer Katastrophe.
Ich glaube, ich habe vorhin eine Frage nicht genau verstanden. Wenn es an Erfahrung fehlt, wie Studio-Sets geplant und gebaut werden, warum können nicht Universitäten oder Filmschulen einspringen und diese Fertigkeiten vermitteln?

Jan Schlubach: Es gibt bei uns so etwas wie eine Grundausbildung, die vielleicht nicht so sehr wie in England auf realistischen Zeichnungen basiert.

A.: Talent läßt sich nicht lehren. Man kann jedoch lernen, wie ein Film im Atelier entsteht. Davon rede ich. War das die Frage?

Jan Schlubach: Ja.

Toni Lüdi (Filmarchitekt und Szenographie-Professor an der FH Rosenheim): Bei uns gibt es Studiengänge zur Szenographie. Was den Mangel angeht, der vorhin angesprochen wurde, muß ich feststellen, daß die Szenenbildner beim Film die am professionellsten arbeitende Berufsgruppe darstellen. Die Produktionsleiter haben kaum eine Ahnung, die Produzenten auch nicht, die Regisseure wissen nicht, wie man vorausplant und können Szenenauflösungen nicht entscheiden, bevor sie nicht den 360 Grad Set vollkommen eingerichtet vor sich sehen. Da fände ich es wichtig, daß sich die Filmhochschulen mehr auf das professionelle Handwerk des Filmemachens konzentrieren und weniger die große Kunst im Auge haben.

B.: Du hast das Copyright-Problem bei Deinen Zeichnungen angesprochen. Es wäre vielleicht interessant, den Unterschied zur Situation in Deutschland zu erfahren. Wer besitzt das Copyright an den Zeichnungen und Entwürfen der Production Designer?

A.: Leider nicht wir, sondern die Produktionsgesellschaft. Ich habe in den letzten 20 Jahren dagegen gekämpft, doch nie gewonnen. In jedem Vertrag befindet sich ein Paragraph, in dem es heißt, die Produktionsgesellschaft *owns all rights of your work*, besitzt alle Rechte an Deiner Arbeit. Alle Rechte! Notfalls besorgen sie sich die Entwürfe per Anwalt. Wenn ich dagegen das Bühnenbild einer Oper mache, gehört das Copyright meiner Entwürfe mir. Im Film ist das leider nicht so.

W.: Heißt das, daß die Entwürfe als eigenständige Kunstwerke, also auch mit Ihrer Unterschrift, in den Besitz der Produktionsfirma übergehen?

A.: Ja.

W.: Da können wir uns ja glücklich preisen, 250 Zeichnungen und Entwürfe von K. A. im FORUM DER TECHNIK zeigen zu können. Wahrscheinlich stammen die alle aus Ihrem Privatbesitz und sind der großen Räumaktion der Produzenten entgangen?

A.: Ja, manche Produktionsgesellschaften legten keinen großen Wert darauf, ihr Recht durchzusetzen. Die Bond-Leute hingegen waren extrem unsympathisch. Die haben sich sämtliche Originale meiner Reinzeichnungen unter den Nagel gerissen. Ich durfte nur die Entwurfsskizzen für mich behalten.

W.: Was wäre passiert, wenn Sie die Originale nicht rausgerückt hätten, sondern Laserprints oder gut reproduzierte Entwürfe abgeliefert hätten? Wäre das denen überhaupt aufgefallen?

A.: Glaube ich nicht, nein.

W.: Es geht den Produzenten ja nicht so sehr um das Papier, auf dem die Zeichnungen sind, sondern um die spätere Auswertung, um das Merchandising: Das ist ein Aston Martin, der dies und jenes kann, und daraus machen wir ein Spielzeug, das in aller Welt – so ist es ja passiert – hunderttausendfach verkauft wird.

B.: Leider müssen wir die Diskussion jetzt allmählich beenden. Ich danke Götz Weidner und Ken Adam, daß sie uns von Ihren Erfahrungen und Wünschen, ihren Hoffnungen und Problemen so bereitwillig erzählt haben. Mein Dank an das aufmerksame und engagierte Publikum und ein herzliches Dankeschön auch an den Vorführer des ARRI, der ein Wunder vollbracht hat, ein Programm mit so vielen Filmausschnitten und Diaprojektionen »punktgenau« vorzuführen.

Peter Greenaway: Film, eine Kunst nach Regeln?

Öffentliches Interview mit Yvonne Spielmann am 20. 3. 1994 im ARRI-Kino, München

Peter Greenaway mit Yvonne Spielmann im ARRI-Kino

Spielmann: Meine Damen und Herren! Es freut mich, Sie so zahlreich begrüßen zu können. Ich danke vor allem Peter Greenaway, daß er sich diesem öffentlichen Interview stellt. Ich gehe davon aus, daß die meisten von Ihnen bereits Erfahrungen mit dem vielschichtigen künstlerischen Werk Peter Greenaways gesammelt haben. Seine Arbeit beschränkt sich ja nicht nur auf das Kino, sondern greift gerade in den letzten Jahren vermehrt auf Museen und andere Ausstellungsorte über. Bevor wir in den Dialog eintreten, möchte ich einleitend diejenigen Themenfelder benennen, die mich schon immer an Peter Greenaways Arbeit fasziniert haben. Ich will mich dabei auf vier Aspekte konzentrieren, von denen jeder einzelne wesentlich für die Grundlegung bzw.

Ausbildung ästhetischer Paradigmen in Frage kommt. Im einzelnen sind dies: (1) Film als Kunst; (2) Herstellungsregeln und Konstruktionsprinzipien des Bildes; (3) die Position des Künstlers und schließlich (4) die Modalitäten der Studio-Produktion, worunter ich genauer genommen die Zwänge verstehe, denen Filmkunst unter den gängigen Verfahren der Filmherstellung ausgesetzt ist.

Viele Kommentare befassen sich mit den offensichtlichen oder zum Teil auch versteckten kunsthistorischen Zitaten in Ihren Filmen. Das Verweisspektrum bezeugt Ihre weitreichenden Kenntnisse der westeuropäischen Kulturgeschichte; Ihre Arbeiten werden als tour de force durch die Glanzzeiten europäischer Architektur- und Kunstgeschichte von der Renaissance bis zum Impressionismus gelesen. Gerade diese Lesart führt mich zur ersten Frage: Haben Sie denn keinerlei Wurzeln in der Filmgeschichte?

Greenaway: Ihre Frage reicht ungeheuer weit, und wir könnten Stunden darüber diskutieren. Für mich sind die einzigen Regeln, denen ich mich zur Kontrolle meiner Aktivitäten verpflichtet weiß, schlicht solche, die meinem eigenen Interesse am dienlichsten sind. Sie haben mir eine weittragende Einführung gegeben. Die hat natürlich meistens eine höchst negative Kehrseite. Von meinen Kritikern wird mir nämlich Eklektizismus vorgeworfen, was im Englischen zumeist als Beleidigung gilt. Außerdem wird mir vorgeworfen, ich sei manieristisch, was im Englischen mehr als eine Beleidigung darstellt. Es mag hier genügen festzustellen, daß ich das Kino auf der einen Seite selbstverständlich als außerordentlich komplexe, komplizierte Sprache begreife und mir auf der anderen, der negativen Seite das Kino auch erstaunlich konservativ vorkommt: in seiner Sprache, ganz gewiß seinen Distributions- und sicher in mancher Hinsicht bezüglich seiner Rezeptionsweisen. Ich habe meine Laufbahn als Maler begonnen und glaube immer noch, daß Radikalität und Forschungsdrang (*investigation*) in der Malerei möglich sind, wofür das zwanzigste Jahrhundert genügend Beweise liefert. Dagegen erscheint mir das Kino auffallend infantil: Es hat die Bestimmung seiner eigenen Identität noch gar nicht vollzogen, das Gespür für seine Autonomie noch nicht mal entwickelt und ist gewissermaßen ein äußerst hybrider Bastard unter den Künsten.

S.: Laut Kritikerurteil hält THE DRAUGHTSMAN'S CONTRACT (1982) die Spannung zwischen experimentellem und narrativem Film, zwischen Filmkunst und gängigem Kino. Denken wir für einen Moment an die Frühphase des Films zurück. Filippo Marinetti hat als Anführer der futuristischen Bewegung das damals neue Medium begrüßt, weil ihm der Film als eine traditions- und konventionslose Kunst galt. Film schien deshalb das geeignete Medium für die Zukunft aller experimentellen Kunstformen zu sein. Inzwischen haben Filmemacher solche ambitionierten und elaborierten Projekte weitgehend verabschiedet. Selbst das intellektuelle europäische Kunstkino bezieht heute nur mehr eine Außenseiterposition. Im Kontext der Medientheorie wird Film als Zwischenschritt hin zur Ära der Massenmedien eingestuft. Meine Fragen lauten deshalb: Inwiefern glauben Sie an die neuen Technologien? Und verstehen Sie sich selbst als Künstler der Avantgarde oder der Tradition?

G.: John Lennon hat einmal gesagt, Avantgarde sei das französische Wort für Scheiße (*French for shit*). Wir sollten diesen Begriff sehr vorsichtig gebrauchen und stets seinen Bezugsrahmen überprüfen. Bezogen auf die neuen Technologien glaubte ich, daß jedem, der meine Kinoaktivitäten und – wichtiger noch – meine Arbeiten fürs Fernsehen verfolgt hat, klar sein sollte, daß ich selbstverständlich an allen neuen Technologien interessiert bin. Diese sind vermutlich viel stärker dem elektronischen Medium als dem Zelluloidmedium verbunden. Trotz des Erfolges von SCHINDLER'S LIST ahne ich, daß das Zelluloidkino sehr schnell passé sein wird. Da bin ich mir ziemlich sicher, daß herkömmliches Kino innerhalb der nächsten Jahrzehnte verschwindet. Kino wird viel unmittelbarer mit dem elektronischen Medium liiert sein. Ich sehe darin nicht unbedingt den ungeheuren Nachteil wie die Leute, die Nostalgie fürs Kino hegen. Meine Arbeit für das Fernsehen in den letzten zwei Jahrzehnten hat in vielerlei Hinsicht die Möglichkeit geboten, viel radikaler, experimenteller und freier innerhalb seiner Vorgaben zu arbeiten. Gewiß hat mir die Arbeit für Channel Four dazu verholfen, mich in Gebiete vorzutasten, die mir wahrscheinlich das Kino mit seinen konventionelleren Wegen, in denen es Filme arrangiert und verleiht, verwehrt hätte. Ich möchte daran weiterarbeiten. Inzwischen habe ich recht vorteilhafte Beziehungen mit allen möglichen Fernsehtechnologien und großzügige Vereinbarungen mit den dazugehörigen Institutionen in aller Welt aufgebaut. In Kürze werde ich wieder in Japan mit High Definition und NHK in Tokyo arbeiten. Für mich ist es sehr wichtig, solche Gesellschaften an der Hand zu haben. Es ist gerade nicht so wie bei vielen Leuten, die eine neue Technologie vorab anpreisen, um sich darüber ständig in theoretischen Begriffen zu ergehen. Dies muß eine Angelegenheit des Pragmatismus und der Praktikabilität sein. Obwohl man bestimmt denken könnte, daß THE BABY OF MÂCON (1993) zu klassischeren Formen zurückkehrt, nämlich solchen des Barocktheaters aus dem siebzehnten Jahrhundert, will ich nach wie vor in Kontakt mit all diesen neuen Technologien bleiben.

S.: Danke für die ausführliche Antwort, die zum nächsten Punkt überleitet. Übereinstimmend gelangen Film- und Kunstkritiker zu der Schlußfolgerung, daß Sie auf allen Ebenen Ihrer Film- und Videoproduktionen großen Wert auf Systematik und Struktur legen. Deshalb stellt sich die Frage: Warum bleiben Sie in formalen Systemen stecken?

G.: Ich bleibe natürlich überhaupt nicht in formalen Systemen stecken. Formale Systeme sind lediglich Instrumente, die als Werkzeuge nützlich sind. Außerdem zeigt die Vielfalt der von mir angewandten Systeme, daß ich zu diesem Punkt keine besonders dogmatische Position vertrete. Aber grundsätzlich glaube ich, daß es sich um eine kulturelle Erbschaft handelt, die mit meiner kulturellen Ausbildung zusammenhängt und meinem ausgeprägten Interesse an bestimmten Themenkomplexen. In mancherlei Hinsicht erachte ich mein Kino als sehr klassisch; es verrät großes Interesse an Formalismus. Für das allgemeine Kinopublikum ist es sicher ganz ungewohnt, daß sich mein Kino im Vergleich zur Mehrzahl anderer Regisseure viel mehr mit Form als mit Inhalt auseinandersetzt. Vielleicht lassen sich noch ein oder zwei Personen nennen, die ein vergleichbares Interesse an den Wissenszweigen, Formen und auch gegenüber dem Inhalt mitbringen. Aber wenn wir das vorherrschende, das heißt das amerikanische Kino betrachten, dann ist das Moment der Form im Vergleich zum Inhalt sehr gering angesetzt. Bei mir hängt das vermutlich mit dem besonderen Hintergrund meiner Ausbildung als Filmemacher zusammen, mit meinem großen Interesse an experimentellen Richtungen der Malerei in diesem Jahrhundert. Wenn Sie formal und diszipliniert arbeiten, wenn Ihr Organisationstalent stark ausgeprägt ist, dann besteht auch die Möglichkeit, jeden Stil oder Stoff mit einer gewissen Freiheit – in was auch immer – einfließen zu lassen. Denken Sie an einen Film wie THE FALLS (1978), der schon sehr weit zurückliegt und ein Register-, ein Katalogfilm ist, oder an THE BABY OF MÂCON, der absichtlich sehr eng an eine Parodie auf die Opernform des neunzehnten Jahrhunderts angelehnt ist: mit drei Akten, zwei Personen, Prolog und Epilog. Beide Systeme erlauben mir, entlang sehr enger Parameter vorzugehen. Man kann also gerade innerhalb einer festgefügten Ordnungspolitik (*safety of organization as politicism*) ein enormes Maß an Freiheit erhalten.

S.: Bei der Gelegenheit möchte ich gerne auf die Regeln und Prinzipien Ihrer Bildkonstruktion eingehen. Die Vorstellung der visuellen Welt ist in Ihren Filmen in einen strengen

Abb. 1

Regelkanon eingebettet und mit dem Plot verwoben. Bezogen auf den Film THE DRAUGHTSMAN'S CONTRACT – aus dem wir das gezeigte Dia anfertigten (Abb. 1) – wüßte ich gerne, ob Sie davon überzeugt sind, daß jede künstlerische Praxis Regeln zu befolgen habe und welches dann Ihre eigene Strategie wäre? Spielen Sie nicht eine Spielart gegen die andere aus, um Ihr eigenes Regelsystem aufzustellen?

G.: Ich glaube nicht, daß sich meine Art Kino wesentlich von der Praxis anderer unterscheidet. Aber es ist interessant, daß dieses Dia für mich genauso eine Überraschung darstellt wie für Sie, meine Damen und Herren. Dennoch gilt, daß dieser Film – so wie er die Idee des amerikanischen Rahmens (*frame*) einbegreift, weil er selbst ein *frame-up* (ein Komplott) ist – retrospektiv betrachtet ziemlich genau das ausdrückt, was ich seit jeher gemacht habe. Mir ist natürlich klar, daß die Künstlichkeit des Rahmens als eine Disziplin – und damit komme ich auf unsere letzte Frage zurück – nicht

76

nur ein fester Bestandteil des Kinos und des Fernsehens ist, sondern gleichfalls der Malerei und eines großen Teils der dramatischen Künste, die stets durch einen Rahmen gesehen werden. Meine Obsession hiermit ist in der Tat vielleicht sehr relevant für das Kino in dieser Stadt, denn 1995 möchte ich gerne eine Ausstellung machen, die sich über ganz München erstreckt[*]. Ich möchte einhundert große Rahmen an Gebäude projizieren, draußen in den Vororten und direkt im Zentrum, um nicht nur die filmische Kadrierung der letzten hundert Jahre zu feiern, sondern auch um zu verdeutlichen, daß schließlich und endlich dieser Rahmen demnächst zur Explosion gebracht wird. Ich bin überzeugt, daß unsere anfänglichen Erfahrungen mit Phänomenen wie *Virtual Reality*, die keinen Rahmen braucht, mit den *Imax*- und *Onimax*-Theatern, wo der Rahmen so groß ist, daß er außerhalb des Gesichtfeldes liegt, ganz bestimmt bezug nehmen auf Experimente, die in den letzten zwei Jahrzehnten in der Malerei und der Installationskunst erfolgt sind. Ich begrüße diese Entwicklung sehr. Denn ganz offensichtlich stellt der Rahmen eine sehr bequeme Organisationsform dar, die von vielen Malern und Schöpfern aller Art angewandt worden ist, um darin eine Welt einzufassen, die vielleicht nicht mehr in genau derselben Art und Weise erfaßt werden kann. Wie diese Technologien arbeiten werden, wie wir beispielsweise ein Kino ohne Kadrierung bewerkstelligen, ist noch ein ziemlich offenes Experimentierfeld, aber ich möchte gerne dabeisein und sicherlich auch selbst mitmachen. THE DRAUGHTSMAN'S CONTRACT ist in gewisser Weise ein autobiographischer Film: Er geht von einer in den 60er Jahren an Kunsthochschulen verbreiteten Praxis aus, die ich selbst mitmachte, wo man dazu angehalten wurde, das zu zeichnen, was man sehe und nicht das, was man wisse. Wenn Sie nun dieses kleine Axiom aus dem Diskurs der

[*] Die Ausstellung vom 26. 10. bis 19. 11. 1995 unter dem Titel FRAMES ist der zweite Teil von Greenaways zehnteiligem STAIRS-Projekt. Der erste Teil wurde unter dem Titel LOCATIONS im Sommer 1994 in Genf realisiert.

Kunsthochschule herausnehmen und auf Ästhetik im allgemeinen beziehen, dann werden Sie sehen, daß alle möglichen spannenden Implikationen darin enthalten sind. Mein Kino hat sich vermutlich schon immer entlang solcher Linien entwickelt.

S.: Lassen Sie uns noch einen Moment bei dem Thema des Rahmens bleiben. Offensichtlich sind selbst die Kamerabewegungen in den meisten Ihrer Filme darauf beschränkt, horizontale und vertikale Linien zu beschreiben, wodurch der Stellenwert des Bildrahmens unterstrichen wird. Kann man sagen, daß Sie ein formalistischer Filmemacher sind?

G.: Das könnte man sagen. Ich hoffe, man könnte genausogut viele andere Dinge sagen. Besonders interessant ist, daß das optische Instrument, wie es auf diesem Dia zum Ausdruck kommt, das Anvisieren mit einem Gewehr repräsentiert. Deshalb liegt der Vergleich mit dem kinematographischen Begriff *shot* nahe. In gewisser Weise ist es so, daß das Publikum mit Absicht hinters Licht geführt (*is being framed-up*) und zum Abschuß (*for shoot*) freigegeben wird. Dies führt uns vielleicht zurück zum heutigen Kino-Thema, das Sie als »Spiel« formuliert haben. Ich hoffe, daß es gewisse Gefahren mit sich bringt, wenn man in der Schußlinie steht, nicht nur für den Filmemacher, sondern sicherlich für das Publikum, denn ohne einen Sinn für Gefahr und Provokation wird das Kino als kurzlebiges Wegwerf-Stück der Ausflucht (*escapism*) enden – womit wir nur zu vertraut sind. Da ist der Film bereits in dem Moment vergessen, wo er aufhört.

S.: Klar und deutlich handeln Ihre Filme von Mord, sogar Serienmord, Folter, Vergewaltigung als Todesstrafe, anderen Quälereien, Verwesung und Kannibalismus. Woher nehmen Sie all diese seltsamen Geschichten?

G.: Daran können Sie sehen, welch konventioneller Filmemacher ich bin. Diese Themen sind natürlich seit zwanzig Jahren im Kino auf der ganzen Welt verbreitet. In gewissem Sinne ist diese Aufzählung von Katastrophen höchst negativ. Wir könnten lange darüber sprechen, daß meine Filme von den beiden unvermeidlichen Sujets handeln, die den größten Teil der westlichen Kultur seit zweitausend Jahren auszeichnen. Dies sind die beiden großen Themen Sexualität und Tod. Balzac hat einmal vorgeschlagen, daß es ein drittes Thema gibt, nämlich Geld, aber da bin ich mir nicht so sicher, denn es ist leicht innerhalb der beiden anderen unterzubringen. Was soll ich also dazu sagen? Der Beweis ist dort auf der Leinwand. Ich hätte es gern, wenn mein Kino als eine Vielfalt von Ideen verstanden würde, die – zugleich gegenwärtig und historisch – sich auf das Kino im allgemeinen beziehen sowie auf die Entwicklungen in der Malerei und Ästhetik des zwanzigsten Jahrhunderts. Ideen, politische Ideen über Ökologie, über Sexualität sind ganz sicher Bestandteile des filmischen Rahmens. Ich habe natürlich eine Anzahl von Obsessionen, die wiederholt auftreten, wie zum Beispiel Numerierung oder die fanatische Obsession, das Alphabet als wirkliches und als absurdes System zu gebrauchen. Es gibt bestimmte wiederkehrende Bilder, die mit Flucht oder mit Wasser assoziiert sind. Ganz gewiß besteht ein besonderes Vergnügen darin, alle Möglichkeiten des Barock zu untersuchen, sowohl mit großem B (in der Bedeutung von Epoche und Stil, d. Ü.) als auch mit kleinem b (in der Bedeutung von wunderlich, verschroben). Hierbei handelt es sich um persönliche Obsessionen, doch ich denke – um aufs Kino zurückzukommen – es macht durchaus Sinn, nur grundsätzlich ein oder zwei Themen zu verfolgen und diese immer wieder durchzuarbeiten. In einer berühmten Anekdote über Vater Renoir und seinen Sohn heißt es, daß die meisten Künstler höchstens ein Thema haben und dieses ihr ganzes Leben lang bearbeiten. Natürlich fügt der Vater sehr rasch hinzu, daß die meisten Menschen überhaupt keine Ideen haben und deshalb ein Thema vielleicht mehr als

Abb. 2

genug sei. Und wenn unsere Themen immerhin zwei sind, die Sexualität und der Tod, dann sind den Permutationen, die wir durchspielen können, keine Grenzen gesetzt.

S.: Ich habe zwei Dias ausgewählt, von denen das eine Jan Vermeers Gemälde »Die Malkunst« (Abb. 2) zeigt und das andere die gleiche Szene als *Tableau vivant* aus dem Film A ZED AND TWO NOUGHTS (1986 Abb. 3). Bei der Transformation in den Film hat die Bildkonstruktion erhebliche Veränderungen erfahren. Erstens erlauben fortschrittliche Techniken dem Maler, einen Fotoapparat anstelle von Pinsel und Leinwand zu gebrauchen; zweitens ist der Maler Vermeer durch eine Person ersetzt worden, die nach dem berühmten Vermeer-Fälscher Van Meegeren benannt ist. Daraus ist zu schließen: Der Maler mit der Kamera stellt die originale Fälschung her. Zudem setzt sich die Erzählung des Films auf verschiedenen Ebenen mit der Kunst der Fälschung und

Abb. 3

Täuschung (*deceit*) auseinander. Deshalb wäre es interessant zu wissen, ob Sie ein Meister der Fälschungskunst sind?

G.: Ihre Frage wiederholt die eines Essays, der in einem amerikanischen Kunstmagazin darüber spekuliert, ob Greenaway nun tatsächlich Vermeer oder Van Meegeren ist. Der besondere Kontext dieser Bilder ist natürlich ein Film mit dem Titel A ZED AND TWO NOUGHTS. Viele waren der Meinung, daß gerade dieser Film zu seinem eigenen Nachteil viel zu komplex war. Einige englische Kritiker schlugen vor, den Film in drei getrennte Filme auseinanderzunehmen: Der erste Film sollte von Zoos handeln, die mich zu dieser Zeit begeisterten, sollte eine dreidimensionale Enzyklopädie über die Flora und Fauna unserer Welt sein. Der zweite Film sollte sich mit dem Thema Zwilling befassen, zumal mich schon immer die Möglichkeit faszinierte, sich selbst zu begegnen. Und am nächsten kann man sich vielleicht kommen, indem man ein Zwilling wird. Der dritte, für uns hier am meisten zutreffende Film, sollte eine große Hommage an Vermeer sein. Godard hat einmal angedeutet, Vermeer sei möglicherweise der erste Filmkünstler (*cinematographer*) gewesen. In der Tat gibt es gesicherte Hinweise, daß er eine Art *Camera obscura* benutzt hat. Anscheinend war seine Frau, die hier mit einem roten Hut porträtiert ist, verärgert. Vielleicht trug sie deswegen den roten Hut. Verärgert war sie wahrscheinlich, weil die meisten Räume des Hauses durch diese riesige, sperrige *Camera obscura* belegt waren und die Möbel für mehrere Jahre nicht verrückt werden konnten, denn Vermeer war ein extrem langsamer Maler. Ich lege keinen besonderen Wert darauf, das Werk eines Malers einfach als *Pastiche* zu verwenden, was im Kino so häufig vorgekommen ist. Hier liegt gerade ein Beispiel vor, das uns die unweigerliche Negativität, das Scheitern beim Versuch vorführt, die Kunst der Malerei und die Kunst des Kinos zu sehr vermählen zu wollen. Aber was mich letztlich doch faszinierte – der Film wurde übrigens in Rotterdam, in Delft, also an den Orten gedreht, die Vermeer vertraut waren –, das war der Wunsch, auf einer grundlegenden Ebene Assoziationen zu dieser Idee zu entwickeln, diese Art von Vergleich zu ziehen. Außerdem trug das soeben gezeigte Gemälde den Titel »Die Malkunst«, und mein Metier hieß schließlich die »Die Filmkunst *(The Art of Cinema)*«, so daß die Zuschauer selbst Vergleiche anstellen können.

Bei diesem Film kam es zu meiner ersten Zusammenarbeit mit Sacha Vierny, dem berühmten Kameramann von Alain Resnais. Eine der ersten Diskussionen, die mit Vierny geführt wurden – und das bringt uns zum Ausgangspunkt unseres heutigen Gespräches zurück –, drehte sich darum, wie wir diesen Film ausleuchten würden. Dazu haben wir sechsundzwanzig Vermeer-Gemälde – bezeichnenderweise sind es sechsundzwanzig – sorgfältig untersucht und festgestellt, daß das Licht meistens von der linken Seite und in eineinhalb Metern Höhe über dem Boden einfällt. Wir haben dies als Regel festgehalten, so daß das Filmlicht meistens – doch nicht ausschließlich – von links kommt, und zwar aus eineinhalb Metern Höhe. Daran können Sie sehen, wie aus Obsessionen Fanatismus wird.

S.: Das Thema formaler Obsessionen möchte ich gerne tiefer ergründen. Sprechen wir also über Distanzierungen und werfen einen Blick auf Beobachtungstechniken, wie sie beispielsweise in diesem Dia aus dem Ausstellungskatalog *The Physical Self* (Abb. 4) zum Ausdruck kommen. Ich frage mich in bezug auf Kadrierung und Mise-en-scène, in bezug auf Rahmen und Bildraum, was es für einen Künstler zu bedeuten hat, wenn er lebendige Bilder für eine Ausstellung mit dem Titel *The Physical Self* zusammenstellt. Ist hier nicht in höchstem Maße der distanzierte Beobachter gefragt, der in der Lage ist, diese Frau und weitere »lebendige Subjekte« in einen Glaskäfig zu bannen? Inwiefern symbolisiert diese Haltung Ihr künstlerisches Konzept? Welche Macht ist es eigentlich, die Sie, den Bildermacher Peter Greenaway, auf unüberbrückbare Distanz zum weggesperrten Objekt der Begierde hält?

Abb. 4

G.: Die Ausstellung in Rotterdam verlief zeitgleich mit der Arbeit an THE COOK, THE THIEF, HIS WIFE AND HER LOVER, also dem Film von 1989, der hier gezeigt wird. Dieser Film treibt verschiedene Aspekte der Körperlichkeit an extreme Grenzen. Ganz bestimmt hinsichtlich des Kannibalismus, ein Thema, das achtzehn Monate später mit dem Film THE SILENCE OF THE LAMBS sehr bekannt wurde[*]. Was mich aber an dieser Ausstellung fasziniert hat, war eine Auseinandersetzung mit dem zentralen Objekt, bei dem es sich natürlich um eine Obsession in der Kunst des zwanzigsten Jahrhun-

---

[*] Vgl. zu DAS SCHWEIGEN DER LÄMMER den Vortrag Klaus Theweleits vom 17. 10. 1993 im ARRI-Kino, der unter dem Titel »Sirenenschweigen, Polizistengesänge« im ersten im ersten Band der REDEN ÜBER FILM abgedruckt ist: Andreas Rost (Hg.), *Bilder der Gewalt.* Frankfurt/M.: Verlag der Autoren, 1994, S. 35–68.

derts und der letzten tausend Jahre handelt, nämlich der un-
vermeidbaren menschlichen Figur. Wie kommt es, daß das
Kino eine eigenartige Ambivalenz gegenüber der Nacktheit
und dem Aktmodell entwickelt hat? Man könnte meinen,
daß beide Dinge, auf einer oberflächlichen Ebene, als ziemlich bekannte Bilder in bestimmten Bereichen des vorherrschenden Kinos angesehen werden sollten. Bei genauerer
Untersuchung läßt sich vermutlich feststellen, daß das Aktmodell im amerikanischen Kino hauptsächlich weiblich und
wahrscheinlich zwischen sechzehn und fünfundzwanzig
Jahren alt ist und Dinge tut, die eher positiv als negativ angesehen werden und die sich ganz gewiß nicht einem Feld
zuschreiben lassen, das man die Neutralität des Körpers
nennen könnte. In dieser Ausstellung wollten wir eine
Sammlung sehr vieler Bilder zeigen, Bilder, die mit Nacktheit, dem Akt und all den dazugehörigen Definitionen in
Verbindung stehen. Wir wollten auch ständig wirkliche
Charaktere, reale nackte Figuren in diese Umgebung einfügen, um so darauf hinzuweisen, wie fern oder nah, wie relevant oder irrelevant all diese fabrizierten Bilder waren. Dieses System war selbst ein aufschlußreiches soziologisches
Ereignis, weil wir rund dreißig Personen für diese Podest-
Anordnung engagierten. Sie können sich vorstellen, wie
langweilig es ist, zwei Stunden lang ohne Kleidung stillzu-
sitzen und von der allgemeinen Öffentlichkeit angestarrt zu
werden.

S.: Ja, aber es kommen doch die Besucher vorbei.

G.: Die Aussstellung war aus verständlichen Gründen ziemlich populär. Anhand dieses Dias können Sie sehen, wie einfach man Vergleiche zwischen der unvermeidlich nackten
Form, mit der wir vertraut sein sollten, und den verschiedenen sie umgebenden Artefakten ziehen konnte. Ich erinnere
mich an eine höchst aufschlußreiche Anekdote, die ich an
Sie weitergeben möchte. Eines Tages, ungefähr nach zwei
Dritteln der Ausstellungsdauer, kam eine ältere Dame um

die Siebzig, nachdem sie den ganzen Tag in der Ausstellung verbracht hatte, kurz vor Schluß auf einen Bediensteten des Sicherheitspersonals zu und bedankte sich bei ihm dafür, daß sie diese Ausstellung mit eigenen Augen sehen durfte. Sie selbst hatte sehr wenig Kontakt mit dem anderen Geschlecht, sie war nie verheiratet gewesen und hatte nie einen festen Freund gehabt. Am Ende ihres Lebens hatte ich ihr hier die Möglichkeit gegeben, die nackte männliche Form zu studieren. Sie wollte am folgenden Tag ihre Schwester mitbringen, die sich in demselben Dilemma befand. So gesehen war es sehr bedauerlich, daß die Ausstellung geschlossen wurde. Seltsamerweise sind wir anscheinend nicht in der Lage, Nacktheit und den Akt außerhalb einer offen als erotisch bezeichneten Situation zu betrachten, wie in einem Strip-Club oder einem Pornofilm, auch nicht außerhalb der Intimität unseres eigenen häuslichen Lebens. Offenbar gibt es keine legitime, jedenfalls keine anerkannt legitime Möglichkeit, den nackten Menschen zu betrachten. Unter Umständen könnten wir das Beispiel des Künstlerateliers dagegenhalten, aber hierbei handelt es sich wiederum um eine privatisierte und außergewöhnliche Situation. Gewissermaßen bot sich also eine öffentliche Gelegenheit, die Nacktheit und das Aktmodell ernsthaft zu betrachten, und zwar vis-à-vis von Werken, die andere Künstler und Kuratoren in zweitausend Jahren beigetragen hatten.

S.: Ich würde gerne über das Konzept einer Familienausstellung hinausgehen. Dieser Schaukasten kann als Bild aufgefaßt werden, soweit die Begrenzungslinien des Rahmens deutlich erkennbar sind. Für diese Konstruktion gibt es ein berühmtes Vorbild, nämlich das perspektivische Fenster beim Künstler-Wissenschaftler Leonardo da Vinci. Es ist interessant, daß sowohl Leonardo als auch Albrecht Dürer Sehgitter entworfen haben, die dem Gerät ähneln, wie es der Zeichner in THE DRAUGHTSMAN'S CONTRACT benutzt. Dieser optische Mechanismus ist bei Dürer nicht nur auf die Landschaft, sondern insbesondere auf den nackten weiblichen

Körper gerichtet. Dabei entsteht so etwas wie die erste pornographische Einstellung mit Schärfentiefe. Das gerahmte Spektakel in der Ausstellung *The Physical Self* nimmt die endgültige Form der transparenten Gefängniszelle an. Bereits im Mittelalter wurden Kriminelle in Käfige gesperrt und öffentlich aufgehängt. Auch dies war ein riesiges Spektakel. Daraus läßt sich schließen, daß eine künstlerische Praxis, die alles in einen Rahmen stellt, Fetischismus genannt werden kann. Indem Sie Männer und Frauen in öffentlichen Glaskäfigen ausstellen, gehen Sie noch einen Schritt weiter. Stimmen Sie mir zu, daß hier eine Lebensphilosophie zum Vorschein kommt, die gleichermaßen misanthropisch und misogyn zu nennen ist?

G.: Wie jeder von uns möchte auch ich mir erlauben, beides zu tun, und zwar beides gleichzeitig. Wir sollten uns selbst nicht immer so schrecklich ernst nehmen, und ganz gewiß weder Ausstellungen noch das Kino. Aber auf einigen wichtigen Punkten muß ich insistieren. Wir glauben, und zwar seit nunmehr zweihundert Jahren, an die Macht der Ausstellung, die Macht des Museums. Sie können sehen, daß alle möglichen Nachklänge mitschwingen, sogar in diesem Bild beispielsweise die Anklänge an Gemälde von Francis Bacon, der Velasquez' Päpste mit Glaskästen umgeben hat[*]. Gleichfalls wichtig sind solche Experimente, wie sie hier in Deutschland Künstler wie Joseph Beuys gemacht haben, der das Vergängliche, das Weggeworfene, das Aussortierte in Glaskästen zur Schau gestellt und damit andere Bedeutungen gesetzt hat. Wenn wir beispielsweise bereit sind, uns mit der Idee des Zoos anzufreunden, der ein dreidimensionales Objekt ist, das Tiere zur Schau stellt, was empfinden wir dann, wenn wir uns selbst zur Schau stellen? Ich möchte hier ausdrücklich hinzufügen, daß alle Personen, die ich

---

[*] Gemeint ist Francis Bacons »Study after Velasquez' Portrait of Pope Innocent X« von 1953 – d. Ü.

hierfür eingesetzt habe, damit einverstanden waren. Sie waren Freiwillige, keineswegs gezwungen. Sie waren meine Mitarbeiter genauso wie die Schauspieler und die zusätzlichen Akteure auf dem Filmset.

S.: Unentschieden ist nach wie vor, ob die starken Frauenfiguren, nämlich die drei Generationen der Cissie Colpitt in DROWNING BY NUMBERS (1988), ernst zu nehmen oder doch als blanke Ironie gemeint sind, die lediglich von einigen verblödeten feministischen Filmkritikerinnen als Darstellung von Selbstbewußtsein und Emanzipation mißverstanden wird. Wie kommt es, daß ihr Verhältnis zu Frauen sich so verschlechtert hat, daß die Frau in THE BABY OF MÂCON die Bühne nur betritt, um zu Tode gevögelt zu werden?

G.: Schon seit längerem haben selbst die Leute, deren Meinung zufolge die Frau in vielen meiner Spielfilme am Schluß triumphiert, festgestellt, daß sie zuallererst eine furchtbare Erniedrigung durchmachen muß. Vielleicht ist dies ein Film, in dem letztlich die Versöhnung, die Auflösung fehlt, so daß er aufhört, bevor er enden sollte. Nach meiner Oper, die ich im November 1994 in Amsterdam herausbringe,* wird sicher die Schlußfolgerung aus Ihrer Fragestellung zur Erniedrigung von Frauen mit weiterem Material versorgt. Bei der Oper handelt es sich wiederum um ein Stück des *Grand Guignol*, um ein Melodrama, das die zeitgenössische Erniedrigung von Frauen darlegt. Es scheint darauf hinauszulaufen, daß all meine Filme zwangsläufig als einziges langes Werk angesehen werden. Doch bloß meine gegenwärtige Haltung zu Frauen in THE BABY OF MÂCON zu kritisieren, blendet das Gesamtbild aus. THE BABY OF MÂCON weicht gewiß insofern ab, als ich einen Film machen wollte, der sich nicht der geläufigen Versöhnungsidee verschreibt, der keine Vergeltung kennt. Zwischen THE COOK, THE THIEF, HIS WIFE

---

* *Rosa. A Horse Drama* – Das Stück mit der Musik von Louis Andriessen hatte am 2. 11. 1994 im Musiktheater Amsterdam Premiere.

AND HER LOVER und THE BABY OF MÂCON scheint mir ein riesiger Unterschied zu bestehen. THE COOK, THE THIEF ist ein Film voller Ironie, die er mit dem Publikum teilt. Diese Ironie ist jetzt verschwunden. In gewisser Weise kommt es mit der Auflösung von THE COOK zur Versöhnung und zur Wiederherstellung moralischer Werte; das Böse wird schließlich zerstört. Über solche Belange setzt sich THE BABY OF MÂCON mit Absicht hinweg. Dieser Film verläuft außerhalb moralischer Zwänge, außerhalb jeglichen Verständnisses von Amoralität und jenseits des Tränenschleiers, um einen religiösen Vergleich zu gebrauchen, der gerade für diesen Film besonders relevant ist. Ich versuche, die Systeme auszureizen, treibe sie an ihre äußerste Grenze. Ich treibe sie in mancher Hinsicht sehr viel weiter als diejenigen, die unbedingt mit dem Nervenkitzel einer Vergewaltigung spielen, das Spiel mit dem Nervenkitzel der Gewalt brauchen, was im vorherrschenden Kino der letzten Dekade ziemlich verbreitet war.

S.: Ich möchte Ihre Auffassung vom Spektakel und Obszönen genauer kennenlernen und dies gern am Beispiel der Zwillingsforscher aus A ZED AND TWO NOUGHTS und ihres faszinierenden Experiments mit sich selbst vertiefen. Können Sie ein verwesendes Tier denn überhaupt als ästhetisches Objekt auffassen?

G.: Ich denke, unsere Haltung zu Tieren ist oftmals so gewesen. Sie äußert sich darin, wie wir Zoos entworfen und strukturiert haben und wie wir besonders im Westen Haustiere schätzen. Eine riesige Industrie mit ihren sozialen und finanziellen Banden bezeugt das und liefert oftmals sehr ungewöhnliche und bizarre Anhaltspunkte für unser Benehmen. Ich glaube, das vorrangige Ausstellungsstück muß bei all diesen Aktivitäten der Künstler selbst sein. Auf bestimmte Weise sind die Filme für mich zutiefst kathartisch. Ich suche nach Mitteln und Wegen, um solche Fragen herauszuarbeiten, die mich tief im Innersten beunruhigen, auf die ich höchst empfindlich reagiere. Ich werde oft gefragt, für wen ich die Filme mache. Meistens antworte ich - was für viele sehr arrogant klingen muß -, daß ich diese Filme in erster Linie für mich mache. Ich halte es hingegen für außerordentlich arrogant, wenn ein Filmemacher behauptet, daß er den Film für Sie gemacht hat. Wie soll es überhaupt gehen, daß ein Filmemacher den Film für jeden einzelnen von Ihnen hier im Publikum drehen kann. Genau darin scheint mir ein Gipfel an Arroganz zu liegen. Andererseits glaube ich, daß wir alle am Ende des zwanzigsten Jahrhunderts im Grunde dieselbe Art von Obsessionen teilen. Wir sind alle mit vergleichbaren politischen Systemen verbunden, wir haben alle im wesentlichen denselben Bildungshintergrund. Wenn ich mich also für persönliche Faszinationen engagiere, dann wird es zwangsläufig an irgendeiner Stelle des Films Faszinationen geben, die auch Sie involvieren.

S.: Ich bin neugierig, wo Sie damals das Zebra herbekommen haben und wie die Prozedur verlief, um die Bilder machen zu können. Wie lange mußten Sie denn warten?

G.: Speziell worauf warten?

S.: Auf das Zebra, auf das verwesende Zebra.

G.: 1984, als wir den Film produzierten, sind wir auf ungefähr einhundertfünfundzwanzig große Zoos in Europa gestoßen (jemand hat sie gezählt), von denen die meisten eine kleine Zebraherde besaßen. Also verfügen wir zu jedem Zeitpunkt über rund fünfhundert Zebras in Europa. Zebras haben kein ewiges Leben, sie müssen irgendwann sterben. Also warteten wir geduldig, bis ein Zebra in Europa starb. Und dann legten wir es auf Eis, bis die Filmarbeiten begannen. Der Kadaver wurde in einer versiegelten Metall-Box weit weg von Wohngegenden gebracht – sie können sich den Gestank vorstellen – und unter großen technologischen Anstrengungen sehr sorgfältig gefilmt. Ich glaube, es wurde ungefähr ein Bild pro Stunde über einen Zeitraum von etwa zwei Monaten aufgenommen, was letzten Endes zu diesem außergewöhnlichen Bildmaterial führte. Meine ursprüngliche Inspiration, besser gesagt: meine Faszination in dieser Angelegenheit war zweifach begründet. Ich weiß nicht, ob Ihnen die ungeheuer große Menge naturgeschichtlicher Filme bekannt ist, die im britischen Fernsehen ausgestrahlt werden. Es scheint eine typisch englische Obsession zu sein, daß man zu jeder Tages- und Nachtzeit Richard Attenborough zuhören muß, sobald man den Fernseher anschaltet. Ich persönlich bin davon begeistert. Es handelt sich gewissermaßen um ein Kompendium, eine Encyclopaedia Britannica der Tierwelt. Aber eigenartigerweise hat sie stets diesen Beigeschmack des Positivismus, so als ob die Welt sich nur um den Menschen drehte. Der Pfau spreizt sein Gefieder, um die Menschheit zu erfreuen. Die Verhaltensprinzipien und Paarungsgewohnheiten des Gnu sind in erster Linie deshalb von Interesse, weil sie mit den Reproduktionstechniken menschlichen Lebens in Verbindung gebracht werden. Diese Querverweise sind immer vorhanden. Die Ausrichtungen der Evolution haben jedoch offenkundig genausoviel mit Tod und Verwesung zu tun wie mit Leben und Fortpflanzung. Um den Zyklus also zu vervollständigen, sollte man vielleicht Tod und Verwesung mit deren äußerst ökonomischer und effizienter Art der Selbstorganisation genauso beachten. Ich erinnere mich, eine ganze Reihe von Experimenten über Zerstörung und Verwesung gesehen zu haben. Dabei wurde deutlich, daß das Schema, wonach beispielsweise eine Elefantenherde in der Savanne weidet, einer Ansammlung von Maden auf dem verfaulenden Kadaver einer Maus ähnelt. Beide haben anscheinend denselben Gemeinschaftssinn, einen ähnlichen Herdeninstinkt und die gleichen Absichten, wie sie ihre Nahrung durch einen Familien-Zusammenschluß sicherstellen. Wir sollten uns deshalb besser nicht gegen die außergewöhnlichen Faszinationen und Notwendigkeiten der Verwesung und des Todes sträuben, die eben sehr wichtig für all die anderen Teile des evolutionären Prozesses sind. Über diese besondere Faszination wollte ich nachdenken, wollte sie erweitern, und schließlich wurde sie ein Teil meines filmischen Vokabulars.

S.: Nach diesen interessanten Erläuterungen würde ich gerne für einen Moment auf PROSPERO'S BOOKS (1991) zu sprechen kommen. Der Film ist wegen seiner Komplexität verschiedentlich kritisiert worden. Sie sei überzogen, hieß es in der Kritik. Für mich handelt es sich um einen Ein-Personen-Film, denn alles ist in der Imagination von Prospero enthalten: das Konzept einer Story, das Schreiben des Stücks und die Bilder des Films. Aus dieser Sichtweise heraus kann der Film als eine Standortbestimmung des Künstlers und des Filmregisseurs Peter Greenaway verstanden werden, der die Macht seiner Kontrolle zeigt. Man kann sich leicht vorstellen, daß Ihre vielfältigen Aktivitäten längst den Charakter einer Greenaway Factory angenommen haben, ein Ort, der vielleicht an die mittelalterliche Bauhütte erinnert, den Sie von Zeit zu Zeit aufsuchen, um Anweisungen zu geben. Es ist ein offenes Geheimnis, wie sehr dieser Produktionstypus bei erfolgreichen Gegenwartskünstlern in Mode gekommen ist. Wie sehen also Ihre Produktionsbedingungen in bezug auf den Film, das Studio und die Ausstellung im einzelnen aus? Etwas metaphorischer formuliert: Sind nicht auch Sie auf eine Art Ariel angewiesen, wie Prospero?

G.: Kein Filmemacher kann einen Film ganz alleine machen. Er braucht Mitarbeiter. Ich habe einige ausgezeichnete Mitarbeiter und denke, daß jeder einsichtige Filmemacher seinen Mitarbeitern den Freiraum gewährt, den sie benötigen. Im Fall von PROSPERO'S BOOKS habe ich zum ersten Mal mit dem Material von jemand anderem gearbeitet. Ich muß an dieser Stelle sehr vorsichtig sein, denn bei dem Material dieser anderen Person handelt es sich um den größten Schriftsteller in der englischen Literatur. Außerdem habe ich den Eindruck, daß es beinahe so etwas wie eine Mini-Industrie gibt, die sich auf Shakespeare-Verfilmungen spezialisiert hat.

Ich denke, daß bei den meisten uns bekannten Beispielen der Anreiz zur Verfilmung viel stärker von der Aufführung als vom Text herrührt. Denken Sie nur an Orson Welles, Laurence Olivier und erst kürzlich Kenneth Branagh. Solche Verfilmungen von Shakespeare bieten in der Regel entweder eine gute oder eine schlechte Möglichkeit, sich einen Raum für die eigene Entfaltung zu schaffen. Gerade im Fall von *The Tempest* (Der Sturm), Shakespeares letztem Theaterstück, das sich ziemlich grundlegend von den großen Psychodramen *Hamlet* und *Othello* unterscheidet, bin ich der Ansicht, daß dieses Stück als Text sehr hoch einzuschätzen ist. Folglich ist PROSPERO'S BOOKS die Verfilmung eines Textes und nicht einer Aufführung. Dieser Ansatz kommt meines Erachtens besonders deutlich in der Wahl des Schauspielers Sir John Gielgud zum Ausdruck, der nach Meinung vieler ein sehr kopflastiger Darsteller ist. Sein Können liegt in seiner Klugheit und in den erstaunlichen Möglichkeiten, Stimme und Klang auszudrücken und mit Stimme und Klang Bedeutungen zu schaffen. Selbstverständlich wollte ich, wie Sie richtig bemerkt haben, die Idee, daß Shakespeare als Person durch den Text unmittelbar zum Publikum spricht, mit den Beweisstücken erhärten, mit denen das Stück *The Tempest* aufwartet, denn in seiner langen Karriere mit 36 Stücken hat Shakespeare von dieser Möglichkeit nur einmal Gebrauch gemacht. Ferner sollte Prospero im Sinne eines Selbstporträts seine eigene Fiktion entwerfen. Mit Sir John Gielgud haben wir einen sehr berühmten klassischen Shakespeare-Schauspieler als Protagonisten eingesetzt, der diese beiden Teile erfolgreich miteinander verbinden konnte. Als Mr. Gielgud mit uns filmte, war er bereits Anfang achtzig, und es gibt genügend Hinweise, daß Shakespeare hier ganz ähnlich wie Mr. Gielgud vom Theater und vom Leben Abschied nehmen will. Diese außerfilmischen Bezugspunkte (*extra-frame references*) habe ich mit all den innerfilmischen (*inter-frame references*) verbunden und dadurch besonders potenziert. Wie immer, hat es manche Beschwerde gegeben, daß zuviel Greenaway und zuwenig

Shakespeare in dem Film sei. Vielleicht – wie kann ich das sagen, ohne arrogant zu klingen – unterbiete ich in gewisser Weise die außergewöhnliche Qualität des Originaltextes. Ich bin der Meinung, wir hätten diesen Text sogar mit noch größerer Komplexität ausschöpfen und untersuchen können, denn es handelt sich um ein außergewöhnliches Stück phantasievoller und fabelhafter Dichtung, das über die Kommunalpolitik zur Zeit Jakobs I. und über das Theater selbst Aufschluß gibt und auf spätere Ereignisse im siebzehnten Jahrhundert vorausweist. Es handelt sich mit Sicherheit um ein erstaunlich tiefgründiges Beispiel textueller Umsetzung, weshalb ich solchen Kritikern, denen der Film zu komplex und zu kompliziert vorkommt, nur wiederholen kann, daß wir dem Originaltext durch viel größere Kompliziertheit und Komplexität einen noch besseren Dienst hätten leisten können.

S.: Ich möchte das Gespräch gerne auf THE COOK, THE THIEF, HIS WIFE AND HER LOVER lenken, der 1989 in die Kinos kam. Seitdem ich den Film das erste Mal gesehen habe, beschäftigt mich die Frage, ob Sie Ihre Wurzeln in der christlichen oder in der jüdischen Mythologie haben?

G.: Ich muß christlich sagen, aber Ihre Frage macht mich neugierig. Vielleicht könnten Sie den jüdischen Blickwinkel etwas näher ausführen?

S.: Hinweise auf religiöse Muster sind überall vorhanden: Zunächst einmal wird der Vergeltungsmythos bemüht, »I'll kill him and I'll eat him«; Michael wird als Jude vorgestellt; und nicht zu vergessen die Beschneidung von Smud in DROWNING BY NUMBERS.

G.: Anfangs gab es eine ganze Reihe von Anstößen für diesen Film. Einer davon war der Versuch, das Böse zu manifestieren, und zwar außerhalb der gewohnten Zusammenhänge, in denen das Böse seit vier- oder fünfhundert Jahren in

94

der westeuropäischen Kunst betrachtet wird. Wenn Sie also an die Ausdrucksformen des Bösen zum Beispiel in Shakespeares *Richard III.* denken, dann wurde diese Figur vom Publikum – und ich denke auch von ihrem Schöpfer – sehr geschätzt in ihrer machiavellistischen Bösartigkeit. Damit ist genau das Dilemma bezeichnet, das Milton bei *Paradise Lost* hatte, wo Satan viel attraktiver ist als Gott. Selbst auf einer sehr banalen Ebene verhält es sich mit der Figur des J. R. in DALLAS so, den man zum Hassen gern hat. Es gibt die Erfahrung, daß wenn man eine Figur des Bösen entwirft, dieser Charakter oftmals auf eine Weise anziehend wirkt, so daß wir uns im Innersten unseres Herzens hin- und hergerissen fühlen. Ich bin der Meinung, daß hierin ein Teil der Anziehungskraft von SCHINDLER'S LIST liegt. Mit der Inkarnation des Bösen hat es eine merkwürdige Bewandtnis, die uns alle von Grund auf fasziniert. Jedenfalls wollte ich versuchen, einen Charakter des Bösen zu entwerfen, bei dem diese Anziehungskraft fehlte. Es ging mir also um einen Charakter, der derartig widerlich und unangenehm war, daß er keine versöhnenden Merkmale hatte. Das ist alles schön und gut, solange man es auf ein Stück Papier schreibt und daraus ein Drehbuch entwickelt, aber wenn man diesen Entwurf an einen Schauspieler mit dem besonderen Charisma eines Michael Gambon weitergibt, dann kommen am Schluß des Films besonders Frauen auf mich zu und sagen, die Persönlichkeit des Diebes habe einhundert Prozent mehr sexuelle Ausstrahlung als der Liebhaber. Daran können Sie ablesen, daß meine Ausgangsidee völlig gescheitert ist. Vielleicht war dieses Scheitern für die Wiederholung des Versuchs mit dem späteren Film, THE BABY OF MÂCON, verantwortlich.

Eine andere Sache, für die ich mich schon lange begeistert habe, ist ein Stück aus der Zeit Jakobs I. mit dem Titel *Tis Pity She's a Whore* (Schade, daß sie eine Hure ist; 1633) von einem Mann namens John Ford, eine außergewöhnliche Auseinandersetzung mit *Grand Guignol* und Melodrama. Wiederum eine Untersuchung des Bösen, und ich wollte herausfinden, ob ich solche Eigenschaften in ein gegenwärtiges Drama übertragen könnte. THE COOK, THE THIEF, HIS WIFE AND HER LOVER trägt durchaus jakobinische Züge, obwohl das Drama anscheinend im zwanzigsten Jahrhundert spielt. Es gab weitere, mehr formale Verfahren. Mich hat die Idee begeistert, Farbe nach strategischen und formalen Gesichtspunkten einzusetzen anstatt rein dekorativ. Der Film verfügt über ein gründlich durchstrukturiertes Farbsystem, worauf ich die Aufmerksamkeit des Zuschauers ständig lenken will, so daß, wenn Personen von einem Farbraum in einen anderen gehen, dieser Farbwechsel beispielsweise Auswirkungen auf die Kleidung hat. Das ist natürlich ein glatter Trick, der aber hilft, mein Anliegen zu unterstreichen. Um also auf Ihre Frage zurückzukommen: Ich kümmere mich tatsächlich um die Ausarbeitung einer christlichen, wenn nicht jüdisch-christlichen Bildersymbolik, die vom Bösen, von Dunkelheit und Helligkeit handelt, aber auch von der engelgleichen Figur des Küchenjungen, der seinen Bauchnabel verliert und dadurch zu einem Engel wird, weil Engel keinen Nabel haben usw. Das Grauen der Hölle ist dargestellt, das Paradies ist dargestellt und die Liebenden, verkörpert in dem Liebenden aller Zeiten, Jesus Christus, sind personifiziert, so daß gerade dieser Film also jede Menge christliche Anspielungen enthält.

S.: Als Sie gerade über das Farbsystem sprachen, fiel mir ein Bezug zur monochromen Malerei auf, denn die Räume sind jeweils auf eine einzelne Farbe begrenzt. Kann man diesen Film so auffassen, als wäre es eine Fahrt durch eine Serie monochromer Malerei?

G.: Ich denke, wir haben alle unsere persönlichen Assoziationen in bezug auf Farben, die mit unserer jeweiligen Erfahrung zusammenhängen. Aber natürlich bestehen allgemeine Verständigungen darüber, daß Rot notwendigerweise die Farbe des Blutes ist, möglicherweise der Gefahr und sicher der roten Verkehrsampel. In gewisser Weise wollte ich diese Ideenstränge fortführen und zu Bestandteilen des Films verweben. Damit ist noch ein weiterer Punkt verbunden. The Cook, the Thief, His Wife and Her Lover weist sieben unterschiedliche architektonische Räume auf, und jeder steht in einem anderen architekturgeschichtlichen Zusammenhang. Damit reiben sich zwei Themenfelder aneinander, was den architektonischen Raum und die Farboberfläche betrifft. Natürlich ist tiefgründige Ironie im Spiel. Zusammengenommen sollen alle Farben die Farbe Weiß ergeben, und Weiß ist die Farbe der Waschräume, die Farbe der Toiletten, die ihrerseits für das Endprodukt stehen, nachdem Sie ein ausgiebiges Essen zu sich genommen haben. Dies ist natürlich in einem höchst ironischen Sinn gemeint, denn es handelt sich um den Ort, an dem sich die Liebenden treffen. Daher wird Weiß oft in Verbindung gebracht mit der Farbe der Reinheit, der Farbe der Unschuld und tatsächlich mit der Farbe des Himmels. Wiederum wird mit den ironischen Vorahnungen bezüglich unserer Reaktion auf Farben gespielt.

S.: Kurz vor dem Filmbeginn wie unserem Mittagessen ist es höchste Zeit für die letzte Frage. Kannibalismus war noch nie so verführerisch, bis The Cook ein köstlich zubereitetes Gericht serviert hat, nämlich den männlichen Körper. Wie schmeckt denn Menschenfleisch, Peter Greenaway? Wie können Sie es empfehlen, roh oder gekocht?

G.: Gut, ich bin kein Kannibalist mehr, aber ich habe ganz gewiß fleischliche Gelüste, und die Themen, die wir aufgeworfen haben, sind in den allgemeinen Sprachgebrauch eingegangen. Christus hat schließlich gesagt: »Nehmet, esset, das ist mein Leib«. Daran können Sie sehen: Der Kannibalismus hat eine sehr lange Tradition!

Abb. 5

Diskussion mit dem Publikum im Anschluß an die Vorführung des Films THE COOK, THE THIEF, HIS WIFE AND HER LOVER *(*DER KOCH, DER DIEB, SEINE FRAU UND IHR LIEBHABER*)*

S.: Ich möchte die Diskussion über den Film THE COOK, THE THIEF, HIS WIFE AND HER LOVER mit einer Anekdote eröffnen. Als der Film in USA herauskam, wurde er wegen Obszönität mit dem Index *X-rated* versehen, was einer Zensur gleichkommt, weil die großen Verleiher solche Filme nicht buchen. Ich war am Abend der Premiere in Los Angeles dabei und kann bestätigen, daß die »Warnung« durchaus ihre Berechtigung hatte. Das amerikanische Publikum war schockiert. Ich zeige Ihnen hier im Dia das amerikanische Verleihplakat (Abb. 5). Das Bildarrangement geht weit über Werbung hinaus und vermittelt eine ungefähre Vorstellung davon, wie das durchschnittliche amerikanische Kinopublikum über den Film dachte: Obszönität, Sex und Gewalt.

G.: Ich sehe dieses Dia hier zum ersten Mal. Mir gefällt der Einfall: Lust, Mord, Verlassensein (*desert*) oder Nachtisch (*dessert*) – ein nettes Wortspiel. Natürlich ist dieses Plakat eindeutig sexistisch und deshalb sehr beleidigend. Es vermittelt einen falschen Vorgeschmack auf das, wovon der Film im wesentlichen handelt, aber so ist eben Public Relation, so ist Werbung. Der Film wurde in Amerika zu einer Zeit gestartet, als ein moralischer Kreuzzug gegen den Photographen Robert Mapplethorpe in vollem Gange war. Allerdings ist es interessant, daß, nachdem THE COOK, THE THIEF, HIS WIFE AND HER LOVER in Amerika zur gleichen Zeit wie HENRY. PORTRAIT OF A SERIAL KILLER (1986) gezeigt worden war, noch zwei weitere Filme kamen, davon einer über Anaïs Nin. Dies führte zu einer gewissen Lobbybildung gegenüber der Filmzensur, wodurch eine Verbesserung eintrat. Das amerikanische System kennt jetzt eine zusätzliche Kategorie, die lautet: grundsätzlich ein Film für Erwachsene, aber nicht Pornographie.

S.: Sie sollten jetzt nicht länger zögern und Ihre Fragen an Peter Greenaway stellen.

Frage: Inwieweit würden Sie THE COOK auch als Abhandlung über das thatcheristische Großbritannien auffassen?

G.: Gute Frage. Sie stimmen mir höchstwahrscheinlich zu, daß sich das britische Kino einen Namen auf den Gebieten des sogenannten Naturalismus und Realismus gemacht hat, die einerseits mit dem englischen Theater in Verbindung stehen und andererseits mit dem, was man als Engstirnigkeit der englischen Politik oder des Vereinigten Königreiches beschreiben könnte. Ich bin sicher, daß jeder von uns viele Beispiele nennen kann. Seit das Beispiel des italienischen Neorealismus bei Reisz, Anderson, Schlesinger und Richardson Schule machte und Filme wie Reisz' SATURDAY NIGHT AND SUNDAY MORNING (1960), Richardsons THE LONELINESS OF THE LONG DISTANCE RUNNER (1962), A TASTE OF HONEY (1961) usw. entstanden waren, wurde diese Tradition natürlich auch fester Bestandteil des britischen Fernsehens. Dieselbe Tradition wird in den frühen Achtzigern bei Channel Four mit der Herstellung von Filmen wie Frears' MY BEAUTIFUL LAUNDERETTE (1985) wiederbelebt. In jüngster Zeit gehören preisgekrönte britische Filme wie die Arbeiten von Ken Loach und Mike Leigh zu dieser Tradition. Sie alle üben eine meist sehr offene Kritik an der politischen Situation in unserem Land, die knapp fünfzehn Jahre lang durch das thatcheristische Regime bestimmt worden ist. Zum Glück ist Thatcher selbst nicht mehr an der Macht, aber ihre Erfolge sind noch deutlich spürbar. Aus solch einer Situation kann man recht offen politisches Kapital schlagen.
Mein wichtigstes Anliegen im Kino besteht darin, mich im wesentlichen mit Ästhetik anstatt mit Politik zu beschäftigen, aber ein Filmregisseur wäre naiv, wenn er nicht letztlich eine Verbindung zwischen Ästhetik und ihren Auswirkungen und damit zur Politik herstellen würde. Ich wünschte mir, die Absichten dieses Film könnten in Vancouver wie in

Sidney und selbst in Beijing vollständig verstanden werden, so daß sie also nicht minuziös auf die engstirnige Westminster-Politik beschränkt blieben. In gewisser Hinsicht ist der Film selbstverständlich ein verzweifelter Stoßseufzer über die Lage in England. Der Film greift die Situation der damaligen Zeit, als die allgemeine Haltung Monetarismus hieß, mit Albert Spica auf, wenn er ein Buch in die Hand nimmt und fragt: »Bringt dieses Buch Geld ein?« Dies ist vielleicht der deutlichste Hinweis auf die Politik von Frau Thatcher, für die alles, was kein Geld bringt, wertlos ist. Es stimmt schon, daß der Film ein Gefühl des Zorns und der Enttäuschung über die Vulgaritäten des Thatcher-Regimes ausdrückt. Aber ich möchte annehmen, daß die wesentlicheren Aussagen mehr auf der Ebene eines Essays über Machtverhalten, Habgier und Sex liegen.

Frage: Können Sie etwas zur Arbeit mit den Schauspielern sagen, den Proben, den Qualitäten, die Schauspieler mitbringen sollten?

G.: Meine Skripts sind bis ins Detail sehr genau ausgearbeitet. Dies bedeutet zum Beispiel für eine Darstellerin, die den hier vorgezeichneten Charakter spielt, daß alles sehr deutlich, vermutlich in einem kleinen Skript, dargelegt wäre. Unsere Budgets für diese Filme sind gemessen an Hollywood sehr klein. Dieser Film kostete ungefähr £ 1,8 Mio., unsere Drehzeit betrug ca. acht Wochen. Ich erwähne all diese praktischen Details, weil sie bedeuten, daß bemerkenswert wenig Zeit für Proben vorhanden ist. Wir hatten vielleicht drei oder vier Tage für die Proben. Der Drehplan sieht im wesentlichen vor, am Morgen zu proben, das Licht einzurichten und die Sets aufzubauen und den größten Teil des Nachmittags zu drehen. Mag sein, daß wir dann den Film schließlich um acht Uhr abends im Kasten hatten. Aus britischer Perspektive dürften sich solche Zeiten luxuriös anhören, aber die meisten Filme sind in – Holland entstanden. Ich habe eben etwas gezögert, weil mir in der Tat bewußt

wurde, daß die Arbeit an diesem Film überwiegend bei El-
stree in London stattgefunden hat, also in einer ziemlich
konventionell eingerichteten Studiosituation. Aber ich denke, daß jeder, der an einem Greenaway-Film mitarbeitet,
höchstwahrscheinlich wissen wird, daß Sex und Tod ziemlich grell verhandelt werden. Helen Mirren, sie spielt hier
die Hauptrolle, hat eine enorme Erfahrung von der Shake-
speare-Bühne und mit Stücken aus der Zeit Jakobs I. mitge-
bracht. Obwohl mein Film ein Gegenwartsdrama ist, und
zwar ein höchst stilisiertes mit artifiziellem Spiel, verdankt
er doch eine ganze Menge der Art und Weise, wie dort solche Stellen dargestellt sind, die ein Tabu und die Schwierigkeiten mit Sex und Inzest, Mord und Gewalt betreffen, welche alle charakteristisch für das Theater aus der Zeit
Jakobs I. sind.

Frage: In THE BABY OF MÂCON fiel mir auf, daß am Anfang
des Films lange Zeit kaum Handlung geschieht, sich aber
sehr viel in den Bildern abspielt, die Gesichter zeigen. Auch
bei THE COOK ist es ein bißchen so, daß anfangs sehr viel gezeigt wird und erst am Ende sehr viel Handlung passiert.
Hat dies etwas mit Ihrem Doppelnaturell zu tun, bildender
Künstler und Erzähler zu sein?

G.: Ich bin von der Frage etwas überrascht, denn der ganze
Film ist notwendigerweise ein fester Bestandteil des Phäno-
mens „Das Medium ist die Botschaft". All diese Bedingungen, langsam einen Film aufzubauen und Sie mit all den
Charakteren bekannt zu machen, und die Bedingungen der
Mise-en-scène und der Atmosphäre sind natürlich ein we-
sentlicher Bestandteil der Gesamtkonstruktion. Dies vor-
ausgesetzt, habe ich ganz bewußt mit THE BABY OF MÂCON
eine vergleichsweise langsame Bewegung an den Anfang gestellt, damit Sie nach und nach, so hoffe ich, in die Folgen
der Entwicklungsstadien verstrickt werden, bis wir zum
Schluß einen beinahe kathartischen Moment erreichen, der
in einer einzigen, unwahrscheinlich langen Einstellung von

elfeinhalb Minuten gedreht wurde und die Vergewaltigung der Tochter betrifft. Die Struktur und das Tempo des Films und seine Montage sind so konzipiert, daß die Einstellungen länger und länger und länger werden. Die langen, ungeschnittenen Einstellungen bieten Ihnen keinerlei Ausweg, vom Haken loszukommen. Die Perspektive ändert sich nicht und Sie sind gezwungen, immer weiter zu schauen, ohne daß eine Veränderung in der Konzentration stattfindet.

Aufgrund meiner Cutter-Ausbildung verfüge ich über praktische Kenntnisse, wie Wahrnehmungen und Täuschungen beim Publikum durch Schnitt beeinflußt werden können. Wenn ich ins Studio oder an den Drehort gehe, dann will ich »auf Schnitt« drehen (*shoot edit*), und es wandert bereits die Vorstellung des endgültigen Films durch meinen Kopf.

Frage: Warum verändert sich nicht auch die Farbe des Anzuges, den der Liebhaber trägt?

G.: Der Liebhaber steht wie immer abseits (*the odd man out*).

Frage: Wie kamen Sie auf die Rolle für Albert?

G.: Es ist so, daß diese Rolle für den Protagonisten Albert ursprünglich für Albert Finney geschrieben wurde, der sie glatt zurückgewiesen hatte: Es war völlig aussichtslos, daß er sich ausziehen würde. Die Frau heißt Georgina. Ich weiß nicht, ob Ihnen bekannt ist, daß es eine großartige, aber selten zu sehende englische Schauspielerin namens Georgina Hale gibt, die viel von Ken Russell in seinen früheren Filmen eingesetzt worden ist. Sie war aus verschiedenen Gründen unerreichbar. Der französische Schauspieler Bohringer, der den Koch spielt, heißt Richard. Die Rolle war speziell für ihn bestimmt. Und die Rolle des Liebhabers Michael war eigentlich für Michael Gambon vorgesehen. Doch nachdem der Schauspieler Michael Gambon das Skript gelesen hatte, sagte er: »Bitte, laßt mich die Rolle des Bösen spielen, die ist viel passender für mich.« Nach einigen Probelesungen stellte sich in der Tat heraus, daß dies der Fall war, und so wurden die Rollen getauscht.

Ich erinnere mich, daß Michael Gambon bei der ersten öffentlichen Aufführung in London mit Lachen nicht aufhören wollte, hingegen der Rest des Publikums totenstill schwieg. Natürlich hatte er, der glaubte, in einer sehr schwarzen Komödie gespielt zu haben, in gewisser Hinsicht völlig Recht, denn die Idee dieses Films ist unwahrscheinlich grotesk. Wie können wir uns wirklich ernsthaft vorstellen, daß im zwanzigsten Jahrhundert in einem Restaurant in der Hauptstadt ein Akt des Kannibalismus stattfindet?

Frage: Inwieweit denken Sie, daß Grausamkeit als dramatisches Thema behandelbar ist?

G.: Ich denke, es gibt eine lange, legitime Tradition, die bei den Griechen angefangen hat mit dem öffentlichen Handabschlagen und Aufhängen von Menschen – sozusagen das ursprüngliche griechische *Snuff Movie*. Es wird im römischen Drama bei Seneca weitergeführt, der die Zeit Jakobs I. und den späten Shakespeare stark beeinflußt hat. Diese Tradition findet ihre Fortsetzung bei De Sade, Céline und Bataille und wird in diesem Jahrhundert auch von Peter Brook und Artauds Theater der Grausamkeit aufgegriffen, von Ionescos Theater des Absurden und, bezogen auf das Kino, von Leuten wie Buñuel und natürlich Pasolini. Ich denke doch – und möchte das mit allem Ernst betonen –, daß selbst, wenn wir nur die alltäglichen Grundlagen menschlichen Verhaltens verstehen wollen, es angebracht ist, daß wir uns selbst auch in allen Extremen des menschlichen Verhaltens prüfen, weil sie zum festen Bestandteil unseres Daseins gehören.

Frage: In DROWNING BY NUMBERS nehmen die Ziffern bis zu einem Punkt des Todes ab. Ist der Tod demnach die einzige Entwicklung im Leben, gibt es denn keinen anderen Sinn und Zweck, wohin sich das Leben ebenso entwickeln könnte?

G.: Vorhin hatten wir bereits Tod *und* Sexualität erwähnt. Ich halte grundsätzlich aufrecht, daß zweitausend Jahre westlicher Kunst beweisen, daß dies immer die Hauptthemen gewesen sind. Wenn Sie einen Stapel von dreihundert amerikanischen Filmen der letzten zehn Jahre durchsehen, dann bestätigen neunzig Prozent davon genau diese These. Ich bin nie der Meinung gewesen, daß das Zählen von eins bis hundert ein *Count-down* sein sollte – die Zahlen waren für mich völlig neutral, abgetrennt von den Belangen des moralisch Guten und Schlechten. Sie waren so etwas wie das Auszählen des Schicksals, das Auszählen der Zeit, die für den Ablauf einer Handlung vorgesehen ist. Wenn wir uns den Achtzigern nähern, wissen Sie also, daß das Drama zum Ende kommt.

Mein Interesse an Systemen hat auch mit großen Zweifeln gegenüber dem Narrativen im Kino zu tun, denn manchmal denke ich, daß das Kino die völlig falsche Richtung eingeschlagen hat, als es durch die Erzählung versklavt wurde. Ich bin der Meinung, daß das vorherrschende Kino auf der ganzen Welt engstens mit der Literatur verbunden ist. Das geht soweit, daß bei der Zusammenstellung eines amerikanischen Films jemand zuallererst eine Erzählung kauft, die dann irgendwie illustriert wird. SCHINDLER'S LIST ist ein weiteres Beispiel. Das Kino, das ich bewundern und respektieren könnte, wäre rein filmisches Kino, das seine Strukturen und Strategien, seine Inhalte und Formen vollständig von einer filmischen Perspektive aus erträumt und diese nicht bei einer Erzählung oder einer anderen literarischen Grundlage ausleiht. Deshalb versuche ich oft auszuprobieren, ob ich auf nicht-narrativen Wegen das Material zusammenhalten kann. Damit hängt auch zusammen, daß ich an der Kunsthochschule als Maler ausgebildet wurde und vom Konzeptualismus der damaligen Zeit begeistert war, der eine internationale Kunstbewegung darstellte, worin Haltungen gegenüber numerischen Gleichungen, diagrammatische Ansichten der Welt und Schemata verschiedener Art zum Ausdruck kamen, die alle Bestandteil einer gemeinsamen Sprache waren.

Die drei Bereiche, mein Widerwille gegen die Idee eines Kinos als vermischte Literatur, meine Auffassung, daß Narrativität nicht unbedingt das beste Konstruktionsprinzip des Kinos darstellt und mein Interesse an formalen Strategien um ihrer selbst willen, sind allmählich über die Jahre zu einer bestimmten Art des filmischen Vokabulars zusammengewachsen.

Frage: Warum zeigen Sie so viel Gewalt? Wollen Sie schockieren?

G.: Ich halte es für legitim zu provozieren. Billig ist es, zu schockieren, denn die Sensationsgier ist kontraproduktiv, da sie sich schließlich selbst zerstört. Gewiß gehe ich einen schmalen Grat, und die Reaktionen auf meine Filme legen manchmal nahe, daß ich das Ziel verfehlt habe. Aber ich bin der Meinung, daß in jeder Kunst – ob in Goyas »Schrecken des Krieges«, bei Velázquez oder in Picassos »Guernica« – in jeder Hinsicht das Bedürfnis vorherrscht, den Zuschauer, den Beteiligten nicht in dem Zustand zu belassen, in dem er oder sie sich vor Anblick des Bildes oder Gemäldes befand. Kunst ist fast ein wenig verpflichtet, einen Weg zu finden, daß Menschen nicht dabei stehenbleiben, bloß ihre Vorurteile zu pflegen.

Interessant ist vielleicht, daß es während der letzten Dekaden einige Schlüsselfilme gegeben hat. Zu erwähnen wäre DER LETZTE TANGO IN PARIS (1972) von Bertolucci, ganz gewiß BLUE VELVET (1985) von David Lynch. Jedes Mal, wenn einer dieser Filme herauskam, wurde gesagt: Geht das nicht zu weit? Ist dies überhaupt ein Kinostoff, womit wir uns befassen sollten? Ist dies nicht das Ende? Führt das nicht ins Abgrundtiefe? Selbstverständlich lautet die Antwort darauf hartnäckig: nein. Genauso, wie die Gesellschaft sich fortwährend unter neuen Reizen, Datenbeständen und Umständen entwickelt und verändert, muß das Kino dies reflektieren. Also gilt es, ein immer größeres Gebiet einzubeziehen und zu bearbeiten, und die Verantwortlichkeit des Filmemachers liegt genau darin!

S.: Ich würde den Blick gerne für einen Moment auf das Gemälde von Frans Hals richten, denn ich frage mich, wie wir die merkwürdige Vergeltungsgeschichte in THE COOK mit einem Gemälde aus dem Jahre 1616 in Verbindung setzen sollen, das den Titel »Bankett der Offiziere der St. Georgs-Schützengilde« trägt. Das Gemälde stellt wohlhabendes Bürgertum dar und zählt für die Kunsthistoriker zum Beginn des sogenannten Goldenen Zeitalters in der niederländischen Malerei. Wie also steht eine florierende Entwicklung in der Kunst mit dem kulturellen Verfall im Zeitalter des Thatcherismus in Verbindung?

G.: Das Jahr 1616 liegt ungefähr in der mittleren Periode des Goldenen Zeitalters nicht nur der holländischen Malerei, sondern auch der holländischen Gesellschaft des siebzehnten Jahrhunderts, als Holland durch einen außerordentlichen Verlauf des Kolonialismus und des Handels mit seinen Schätzen und Reichtümern auch die Möglichkeiten einer unermeßlichen Kunstproduktion schuf. Ich mag die Holländer und ihre Kultur sehr gerne und hoffe auch auf weiterhin gute Beziehungen, aber ich denke, daß sie ihren Reichtum genauso raffgierig wie die Engländer zusammengetragen haben. Dieses besondere Gemälde bedeutet für mich das behäbige Sich-Einrichten der bürgerlichen Gesellschaft nach einer Periode des Wohlstandes. Diese Personen sollen Mitglieder einer Bürgerwache sein, aber all ihre militärischen Anliegen haben sich schon lange in Nichts aufgelöst und sind im Grunde nur Vorwand für einen Saufclub.

Dies sind in gewisser Weise schlaffe Soldaten, die wie die Made im Speck leben, ihre Zeit mit Zechgelagen verbringen und ganz gewiß ihren Lebensunterhalt nicht auf ehrenwerte Weise verdienen. An meinen Bildbeschreibungen sehen Sie, welche Anspielungen ich in bezug auf die Diebesbande im Zentrum des Films machen wollte.

Aber auch wenn man sie wie andere Gangs aus der Mythologie des zwanzigsten Jahrhunderts auftreten läßt, zum Beispiel als eine Banditenarmee aus Chicago unter eigenen Bedingungen, mit eigenen Gesetzen und Regeln, so haben wir doch mit Unterstützung von Jean Paul Gaultier, der die Kostüme entworfen hat, versucht, Beziehungen herzustellen zwischen den echten Kostümen der Figuren auf dem Frans Hals-Gemälde, die die bourgeoise Gesellschaft im siebzehnten Jahrhundert repräsentieren, und diesen Figuren im ausgehenden zwanzigsten Jahrhundert, die sich in der gleichen Art und Weise benehmen. Selbstverständlich kann ich nicht, ohne das Vertrauen meines Publikums massiv zu beanspruchen, Diebe des zwanzigsten Jahrhunderts in Schnallenstiefel stecken und Schwerter tragen lassen. Aber wir haben, weitgehend durch den Kostümdesigner Jean Paul Gaultier, gewisse Entsprechungen gefunden, so daß die Farbe in diesem Gemälde sozusagen aus dem Rahmen herausschwappt und zum festen Bestandteil der Mise-en-scène des gesamten Films wird.

Frage: Sie sprachen eine Menge über die Darstellung des Bösen und die Identifikation des Publikums mit der Hauptfigur des Bösen. Können Sie darüber mehr sagen?

G.: Bezogen auf den Ausdruck des Bösen in dem Film nehme ich an, daß einige der angewandten Verfahren (*devices*) höchst offensichtlich sind. Albert Spica ist natürlich schwarz gekleidet, er trägt einen schwarzen Bart. Spica ist absichtlich häufig gegen den Küchenjungen aufgestellt, der engelgleiches Haar hat und immer von hinten beleuchtet wird, der diese androgyne Singstimme hat, deren Klang natürlich Verbindungen mit der zum Christentum gehörigen Kirchenmusik herstellt. Zu Beginn singt er einen Text, der, wenn Sie ihn verstehen, solche Zeilen enthält wie: »Komme über mich, mein Herr, ich bin ein elender Wurm, ich bin den Boden nicht wert, auf den ich trete.« Dieses Lied wird am Aschermittwoch, dem Tiefstpunkt des römisch-katholischen Jahres gesungen. Andauernd werden solche Hinweise gegeben, wobei es wie bei Christus ziemlich sensationell zugeht: Die engelgleiche Figur des Küchenjungen nimmt die Sünden der schwarzen satanischen Gestalt auf sich, was wiederum Bestandteil der christlichen Vorstellung der Vergebung und Transsubstantiation von Sünden ist sowie der Handhabbarkeit von Sündhaftigkeit durch die Beichte. Das Kind, der Küchenjunge, wird einer Folter ausgesetzt, bei der sein Bauchnabel entfernt wird, was auf der gleichen Ebene liegt wie ein Stück gespielter Hagiographie. Nur Adam und Eva und die Engel hatten keinen Nabel. Um also gewissermaßen einige Glaubenskreise nachhaltig davon zu überzeugen, daß dieser Küchenjunge ein Engel ist, mußte ihm der Bauchnabel entfernt werden.

Obwohl das ziemlich verwickelt, philosophisch und recht entfernt von unseren Anliegen ist, wurde es trotzdem in das Skript aufgenommen. Solche Szenen wie das Grauen der Hölle hängen mit meinem Interesse an Dante zusammen, was mich zu jener Zeit beschäftigte, als ich eine Reihe von Progammen zu Dantes *Inferno* für Channel Four gemacht habe (A TV Dante Cantos 1–8, 1989, jeweils 10 Minuten). In gewisser Weise bedeutet der endgültige Untergang der Liebenden, denen die Kleider ausgezogen werden, daß sie wieder zu Adam und Eva werden. Sie fahren zur Hölle, indem sie in den Lieferwagen gestoßen werden. Sie werden schließlich von einem schwarzen Mann mit Namen Eden abgewaschen, und zwar außerhalb der Bibliothek, die für den Garten Eden mit dem Baum verbotenen Wissens (dem Baum der Erkenntnis) steht. Schließlich schlagen sich Adam und Eva ins Goldene Zeitalter der Schrift durch, in ein Goldenes Zeitalter, mit dem wir wohl alle innerhalb der europäischen Kultur verbunden sind. Der Liebhaber, der Christus repräsentiert, opfert sich letztlich dadurch, daß er Worte ißt, Texte ißt, daß er das Buch der Erkenntnis aufessen muß[*]. Sie sehen also, wie Haltungen des Guten und Bösen ausgespielt werden, die das Christentum übertragen und in einen mythologischen Strukturrahmen eingearbeitet hat, und zwar sowohl im Alten als auch im Neuen Testament und ebenfalls in der Heuchelei – also eine fortwährende Beschäftigung mit diesen Dingen.

Vielleicht haben Sie bemerkt, daß die fortschreitende Systematik in der Bibliothek sich nach den Entwicklungen der Französischen Revolution richtet. Die Anordnung der Bücher folgt den Jahrzehnten 1770, 1780, 1790, 1800 entsprechend. Ebenso lasse ich durch Anspielungen die Schreckensherrschaft spüren. Die Politik des Blutes ist in Konstruktionsprinzipien der Bibliothek überführt worden. Es gibt also viele Entwicklungs-, Teilentwicklungs- und Zeichensysteme, die wild wuchernd durch diesen Film laufen und mit unseren Haltungen zu Gut und Böse, Himmel und Hölle, Erfolg und Mißerfolg zusammenhängen. McLuhan würde dazu vermutlich sagen: »Das Medium ist die Botschaft«, insofern der Inhalt am meisten befriedigt, der sich formal am meisten seiner selbst bewußt ist und umgekehrt.

Entsprechend hat A ZED AND TWO NOUGHTS das Zwillingsthema zu einer seiner wesentlichen Formkriterien erhoben. Wenn wir uns mit zwei Personen befassen, die quasi Spiegelbilder ihrer selbst sind, so wurde der Film folglich nach sehr strengen symmetrischen Festlegungen aufgebaut. Hier fand eine Vermählung der linken mit der rechten Leinwandhälfte statt. Die Charaktere halbierten stets den Bildausschnitt und häufig wurden Spiegelbilder eingesetzt. Wiederum war dies ein Versuch, eine formale Struktur zu erstellen, worin sich der Inhalt »Zwilling« – also einer der Verdoppelung, der Wiederholung, der binären Codes, aller Verbindungen der Ziffern 1 und 2 – durcharbeiten läßt.

[*] Anmerkung der Übersetzerin: Das Buch der Erkenntnis ist in Greenaways Film die Geschichte der Französischen Revolution.

110

Frage: Wie haben sich Ihre Vorstellungen über Inhalte und Wissenschaften entwickelt und wie sind beide miteinander verwoben?

G.: A ZED AND TWO NOUGHTS enthält als einen seiner Subtexte einen langen Dialog über Darwins Antithese zur Schöpfungsgeschichte. Ich glaube, selbst Darwinist zu sein. Ich bin der Meinung, daß die ganze Evolutionswissenschaft mit ihren Fortschritten und der damit verbundenen Philosophie einen Rahmen für die eigene Lebensführung und -einstellung bereitstellt, der für mich ziemlich überzeugend ist. Ich habe mir Darwin stets als würdevollen Mann vorgestellt, der als neuer Moses mit den Tafeln zurückkehrt, um die Geschichte der moralischen Schuld neu zu schreiben. [*]

Frage: Welche Intention steht am Anfang des Schaffensprozesses von Filmen wie THE COOK, THE THIEF, HIS WIFE AND HER LOVER und anderen?

G.: Die Entstehung aller Filme geht von dem Bedürfnis aus, über eine Idee, einen Gedanken oder eine Reihe von Vorstellungen nachzudenken und sie zu untersuchen. Wenn wir A ZED AND TWO NOUGHTS als Beispiel nehmen, so wollte ich über die Zwecke, die positiven wie negativen, von Zoos sprechen und darüber, daß die Beziehung des Menschen zu Tieren im ökologischen Sinn stets unbefriedigend verlaufen ist. Ferner wollte ich mich auch mit der Metaphorik von Vermeer befassen, dem ersten Künstler der Kinematographie. Schließlich wollte ich über das Phänomen Zwilling als nächstmögliche Begegnung mit sich selbst sprechen. Hier haben wir also drei Ideenkomplexe, im wesentlichen recht abstrakt, aber sobald Sie anfangen, darüber nachzudenken, finden alle möglichen spielerischen Assoziationen statt.

---

[*] Für eine vom französischen Fernsehen produzierte audiovisuelle Bibliothek wurden die verschiedensten Regisseure gefragt, Biographien zu Persönlichkeiten zu drehen, die das Denken des 20. Jahrhunderts wesentlich beeinflußt hatten. Greenanway entschied sich hierbei für Darwin.

Warum also nur über die – im ökologischen Verständnis des zwanzigsten Jahrhunderts – armselige Beziehung des Menschen zu Tieren sprechen wollen, ohne Aspekte der Bestialität anzusprechen, warum nicht über antike Mythologie sprechen und über Haltungen, die vielleicht die Griechen und Römer gegenüber Tieren hatten. Sie sehen daran, wenn man einen Film über diese Thematiken macht, dann muß sehr schnell eine Struktur (*a format*) und eine Konstellation entwickelt werden, die das zusammenhalten kann.

Da ich jedoch keinen Dokumentarfilm machen will und kein polemischer Filmemacher bin, muß ich für Unterhaltung sorgen, narrative Unterhaltung, weil Kino in gewisser Hinsicht narrativ definiert ist. Sollen meine Filme ins Kino kommen und nicht nur in einem entlegenen Universitätssaal verschwinden, wo sie bloß von zehn Personen und deren Hund gesehen werden, dann muß ich fähig sein, Verständliches für ein öffentliches Publikum anzubieten. John Cage hat davor gewarnt, daß bei mehr als zwanzig Prozent Neuheit in einem Kunstwerk mehr als achtzig Prozent des Publikums verlorengeht. Es lohnt sich, diese Gleichung in Erinnerung zu behalten. Ich sehe keine Veranlassung, weiter sogenannte Underground-Filme zu machen, die kaum einer je zu Gesicht bekommt. Erstaunlich ist, daß aus *underground movies* nur sehr selten *overground movies* werden, hingegen die Underground-Malerei diesen Durchbruch immer schafft. Ich weiß, daß es Ausnahmen gibt – Lynchs ERASERHEAD (1976–82) und bestimmte Filme von Buñuel. Aber für die Mehrzahl der sogenannt avantgardistischen, privatistischen Phantasieerfüllungen gilt, daß sie ewig unter dem Eis kreisen und nie durchbrechen.

Ich muß also einen Ausgleich (*equation* – eigentl. Gleichung) entwickeln, mit all diesen Dingen herumspielen, um eine dramatische Geschichte entwerfen zu können, die einige Verbindungen mit Ihren Interessen hat und Sie außerdem im bestmöglichen Sinne unterhält. Wenn ich all diese Ideen zusammengebracht habe, dann muß ich eine Struktur finden und wahrscheinlich als nächstes die Charaktere. Wie können wir etwas versinnbildlichen, wie können sich Ideen zu Allegorien entwickeln, wie können wir sie verschlüsseln? Das Publikum ist natürlich sehr schnell enttäuscht über Vorgestanztes, und obwohl ich weiß, daß viele Leute meine Charaktere für völlig fleischlos halten, sind diese doch, soweit notwendig, wahre Charaktere, idiosynkratische Verhaltensweisen, die sich, sobald sie von Schauspielern und Schauspielerinnen übernommen werden, in ein weiteres Stadium entwickeln. An erster Stelle stehen also die Ideen, dann die Charaktere, dann muß alles auf eine Handlung hin strukturiert werden. Ich meine, daß der Entstehungsprozeß stets auf diese Art und Weise erfolgt.

Frage: Als ich den Film THE COOK sah, überlegte ich, ob Sie jetzt noch eine weitere Anstandsregel verletzen oder nicht. Für mich war es ein Schock nach dem anderen. Und jetzt erfahre ich, daß es tiefere Gründe gab, die aber verlorengingen angesichts der Schocks, die Sie mir versetzt haben.

G.: Gut, in Ordnung, ich nehme Ihre Aussage an, Sie sind nicht allein damit. Aber lassen Sie uns daraus eine Schlußfolgerung ziehen. Nehmen wir einmal an, daß ich ein Spiel spielen möchte. Angenommen, ich will mit der Form gerade um ihrer selbst willen spielen. Wenn ich eine zahme, einfache Geschichte ohne emotionalen Inhalt nehme, die Sie in keinster Weise ergreift, dann läuft das Ganze auf eine akademische Übung hinaus.
Ihre Kritik steht keinesfalls alleine. Die etablierten Kreise der französischen Kritik hatten mich lange unterstützt, da THE DRAUGHTSMAN'S CONTRACT als ein außerordentliches Beispiel philosophischer Ideen verstanden wurde, denen sie selbst in den frühen achtziger Jahren nachgegangen waren. Aber sie hatten erhebliche Probleme mit THE COOK, THE THIEF, HIS WIFE AND HER LOVER. Wie konnte sich eine Person, die an philosophischen Ideen und an Systemen interessiert war, in all diese Gewalt verstricken? Die Art der Dar-

stellung wurde sehr viel mehr in Analogie zu Blut- und Splatter-Filmen, zu Tötungsfilmen gesehen.
Doch möchte ich in dieser Richtung weiter Filme drehen. Es liegen viele Themen auf Lager. Ein Film über Nekrophilie wird sehr bald herauskommen. Ich möchte unbedingt einen Film machen, der mit der Vorstellung, sich selbst zu begegnen, zusammenhängt und den Titel trägt: THE MAN WHO MET HIMSELF. Versuchen Sie sich vorzustellen, Sie begegnen sich selbst in sexueller Eigenschaft, lassen Sie Ihre Gedanken ein wenig im Bereich sexueller Phantasie verweilen, vielleicht kann man wirklich die äußersten sexuellen Phantasien nur mit sich selbst erleben.
Weiterhin möchte ich einen Film über einen aktualisierten Medea-Mythos drehen, um eine Geschichte, in der eine Frau ihr eigenes Kind tötet, so zu erzählen, daß Sie als Zuschauer Sympathie mit der Frau empfinden. Hierbei handelt es sich wieder um Extrapolationen aus der Abtreibungsproblematik, denn sollte eine Frau, die das Recht auf Abtreibung hat, nicht auch das Recht haben, ihr Kind zu töten. Indem ich solche Ideen aufgreife und ins Extrem treibe, um sie ganz gewiß für mich, aber hoffentlich auch in der Auseinandersetzung mit Ihnen zu untersuchen, will ich in der Tat herausfinden, wie diese Systeme sich rechtfertigen, welches ihr gegenwärtiger Standort in unserem Denken ist und wie wir dieser Art von Problematik im sozialen Leben und in der Kunst begegnen.

Frage: Ich möchte wissen, wie Sie die Rolle der Frau in THE COOK, THE THIEF, HIS WIFE AND HER LOVER sehen. Besteht eine metaphysische Disposition, ist sie eine tragische Heldin, und wie kommen Sie zu dieser Anordnung, die Rolle der Frau zwischen Gut und Böse anzusiedeln?

G.: Eigentlich wollte ich – in aller Kürze gesagt – die Frau jenseits von Gut und Böse plazieren. Letztendlich ist sie nur dadurch erfolgreich, daß sie die Gewalt des Mannes anwendet, um ihn zu zerstören. Alle Filme vor THE COOK, THE

THIEF, HIS WIFE AND HER LOVER haben der Frau immer eine gleichberechtigte Rolle eingeräumt – wenn nicht sogar mehr –, und zwar bezogen auf den Charakter und auch die Funktion, Ereignisse voranzutreiben. Wenn Sie THE COOK als Beispiel nehmen, dann ist die Frau die einzige Person, die auf eine Reise geht, hingegen stehen die Männer meistens untätig daneben und sind im Grunde am Filmende die gleichen, die sie zu Anfang waren.

Bei THE COOK wollte ich der weiblichen Rolle mehr als eine faire Chance in einem Kino geben, das im Grunde eine männliche Domäne ist. Das Kino wird meistens von einer maskulinen Autorität bestimmt, dem Produzenten, dem Drehbuchautor oder dem Regisseur, und in gewisser Weise ist »Sie« immer noch das gedankenlose, unbedachte passive Sex-Objekt oder bestenfalls ein Katalysator männlicher Aktivität. Ich glaubte, THE COOK, THE THIEF, HIS WIFE AND HER LOVER entbehre dieser perversen Propaganda.

Transkription und Übersetzung aus dem Englischen: Yvonne Spielmann

David Bordwell: CITIZEN KANE und die Künstlichkeit des klassischen Studio-Systems

Vortrag am 26. 6. 1994 im ARRI-Kino, München und am 27. 6. 1994 im Kino TIVOLI, Berlin-Pankow

David Bordwell im ARRI-Kino

Orson Welles schuf mit CITIZEN KANE den einflußreichsten Film, der seit Griffiths BIRTH OF A NATION in Hollywood produziert wurde. Nur Hitchcocks PSYCHO nimmt vielleicht einen ähnlich hohen Stellenwert ein. Obwohl KANE nach seinem ursprünglichen Kinostart nicht sonderlich viel Zuschauer anzog, galt er seit den späten fünfziger Jahren als *der* amerikanische Tonfilm. Und als solcher wurde er als die große Ausnahme begriffen: ein Hollywood-Film, der sich grundlegend von anderen Hollywood-Filmen unterschied. Ein amerikanisches Studio hatte einem Debütregisseur mit kaum nennenswerter Erfahrung in der Filmindustrie durch glückliche Umstände seine Kapazitäten zur Verfügung gestellt. Von Orson Welles ist überliefert, er habe nach der Besichtigung der RKO-Studios bemerkt: »Das ist die größte Modelleisenbahn, die ein Junge je hatte.« Und Welles, der mit dieser »Studiobahn« spielte, gestaltete einen höchst eigenständigen und persönlichen Film.

KANE ist in vielerlei Hinsicht eine brillante Neuerfindung. Welles kühner Erfindungsreichtum wurde über Jahrzehnte gewürdigt. Besonders die stilistischen Eigenschaften des Films waren Thema vieler eingehender Analysen. Weitaus seltener dagegen wurde beachtet, wie stark der Film in einer lang etablierten amerikanischen und europäischen Tradition des Filmemachens verwurzelt ist. Welles hat zwar viel erfunden, aber, wie Griffith und Hitchcock vor ihm, seine Vorgänger beerbt.
Welles tendierte dazu, die Filme von Regisseuren, die starke Einflüsse anderer Filmemacher aufwiesen, herabzusetzen: »Je besser der Film eines anderen ist, desto mehr verliere ich, wenn ich ihn mir ansehe,« sagte er zu Peter Bogdanovich. »Nein, wenn ich durch die Kamera sehe, muß ich das mit meinen eigenen, unschuldigen Augen tun.« Bei seiner kreativen Tätigkeit wollte Welles unbeeinflußt und frisch bleiben. Für Stilkritiker wie uns gilt jedoch der Grundsatz, daß kein Künstler, in welchem Medium auch immer, bei Null anfängt. Originalität ist immer ein Austauschprozeß mit der Tradition, und man kann Neuerfindung ohne ein Gespür für die Konventionen, die der Künstler übernimmt und verändert, nicht wirklich verstehen. In diesem Sinne möchte ich den Kontext ausloten, in dem der visuelle Stil von CITIZEN KANE seine einzigartige Kraft erlangt.

Ein KANE besonders gewogenes Publikum war in der Nachkriegszeit die Pariser *Nouvelle Critique* – eine Gruppe von Autoren, die bestrebt war, die vorherrschenden Stummfilmklassiker aus den Ciné-Clubs zu verdrängen und den Tonfilm als zentrale Kraft der Filmgeschichte durchzusetzen. Zur *Nouvelle Critique* gehörten Roger Leenhardt, Alexander Astruc und der berühmte André Bazin. CITIZEN KANE sahen sie als Fortsetzung der realistischen Tradition des Films. Von Louis Lumière begründet, von Robert Flaherty, Friedrich Wilhelm Murnau und Jean Renoir fortgesetzt, fände diese Tendenz einen Höhepunkt in Welles' Behandlung des filmischen Raumes.

Für Bazin stellten Szenen wie Susan Alexanders Selbstmordversuch (Abb. 1) eine »realistischere« Art und Weise dar, Handlung umzusetzen. Alle relevanten dramaturgischen Elemente – das Glas und die Flasche, die im Bett liegende Hauptfigur und die Tür, durch die Kane und sein Diener hereinstürzen – sind in einen Rahmen gezwängt. Es bestehe kein Grund von einem Element zum anderen zu schneiden. Die Einstellung respektiere die grundlegende Eigenart des Films – nämlich eine photographische Aufzeichnung eines räumlich und zeitlich ungebrochenen Kontinu-

Abb. 1

ums zu sein, und zwar in seinem ungebrochenen und inte-gralen Dasein.[*] Im Gegensatz zu anderen Künsten zeichne nach Bazin der Film die wahrnehmbare Welt im Sinne ihres phänomenologischen Daseins vollständig auf, und Welles tiefenscharfe Einstellungen erfüllten diese Mission mehr als die vergleichsweise künstlichen vorherigen Filme, deren Stil vor allem auf Montage beruhe.

Bazin wurde auf diese Neuerung wahrscheinlich allein schon durch die Werbung für den Film aufmerksam. Welles und sein Kameramann Gregg Toland setzten die neue Tech-nik als Verkaufsargument für CITIZEN KANE ein. Sie nannten den Zuwachs an Schärfentiefe »pan-focus« (Panoramaschär-fe, d.h. große Schärfentiefe), Toland veröffentlichte Aufsätze in populären amerikanischen Zeitschriften, in denen er dar-stellte, wie die Technik aussah und wie er sie erdacht hatte. In einem Artikel in »Life« illustriert Toland die Technik und nimmt dafür die Urheberschaft in Anspruch. Auch inner-halb des Films gibt es Momente – wie Teile der »News on the March«-Sequenz – in denen vorgeführt wird, wie früher, quasi »altmodisch«, die Schärfe in der Tiefe des Bildes belas-sen wurde.

Was ich Ihnen jedoch hoffentlich zeigen kann ist, daß diese Technik, so originell sie auch immer von Welles und Toland gehandhabt wurde, ihre Quellen in einer langen Tradition der Künstlichkeit und nicht des Realismus hat. Sie ist aus Normen und Praktiken entstanden, die charakteristisch für das Studiosystem der mächtigsten Filmindustrien – vor al-lem in Amerika und Deutschland – sind. Wir werden sehen, daß der visuelle Stil von KANE nicht allein das Ergebnis von Tolands Suche nach raffinierterer Inszenierung ist. Der pho-tographische Realismus, den Bazin sah, wird fragwürdig, weil die räumliche Tiefe in den Einstellungen durch einige

---

[*] Bei Bordwell heißt es »thereness«. Bazin spricht von »leur densité d'être, leur poids de présence,« in: ders. *Orson Welles* (1950), hier zitiert nach der von Bazin überarbeiteten und erst posthum veröffentlichten 2. Ausgabe, Paris: Les Editions du Cerf, 1992, S. 70.

sehr künstliche Maßnahmen erzeugt wurde. CITIZEN KANE hätte nicht so aussehen können, hätte die Produktionsfirma RKO nicht in Pionierarbeit einige hochentwickelte Techniken erfunden, das Publikum zu täuschen – Techniken, die der Magier Orson Welles begierig ausbeutete.

Etwa zwischen 1920 und 1935 überwog in Hollywood ein mehr oder weniger »weicher« photographischer Stil. Nahaufnahmen einzelner Schauspieler waren nur auf der Ebene des Gesichts scharf, der übrige Raum blieb unscharf, um mit dieser Verschleierung lyrische oder photogenische Effekte zu erzielen. In der Folge von Griffiths Filmen (wie in einem Bild von Lillian Gish in WAY DOWN EAST*) wurde das in den zwanziger Jahren in Filmen wie Rex Ingrams FOUR HORSEMEN OF THE APOKALYPSE zur Normalität. Einige Kameramänner erzeugten besonders weichgezeichnete Bilder, indem sie den Drehort mit Musseline verhängten; ein hervorragendes Beispiel ist die Behandlung von Mary Pickford in Charles Roshers SPARROWS. Gegen Ende der zwanziger Jahre, als sich das neue panchromatische Filmmaterial durchsetzte, wurde der »Weiche Stil« zum Üblichen, nicht nur um Frauen mit Glamour zu umgeben, sondern auch um Männer zu filmen (wie in Howard Hawks' FIG LEAVES). Manchmal wurde ein ganzer Film durch diese Art der weichen Photographie geprägt, wie Max Reinhardts Version von A MIDSUMMER NIGHT'S DREAM (Abb. 2). Der weiche Stil war in der ganzen Mainstream-Kameraarbeit der dreißiger Jahre anzutreffen, in Filmen wie Borzages FAREWELL TO ARMS und Cukors THE PHILADELPHIA STORY.

Zur gleichen Zeit entstand jedoch ein alternatives Konzept der Kameraarbeit: Tiefenstaffelung, verbunden mit größerer Schärfe. Ein berühmtes frühes Beispiel zeigt diese Einstellung aus GREED (Abb. 3). Diese Herangehensweise war am

* Anm. d. Hrsg.: Manche der während des Vortrags gezeigten Bildbeispiele können aus editorischen Gründen hier nicht abgebildet werden.

Abb. 2

Abb. 3

Abb. 4

Abb. 5

Abb. 6

Abb. 7

Abb.8

Abb. 9

Ende der Stummfilm-Ära sehr verbreitet, wie man an Filmen wie Tod Brownings THE SHOW und Clarence Browns A WOMAN OF AFFAIRS (Abb. 4) sehen kann. Auch in Europa verwendete man gelegentlich diese Art der Tiefenstaffelung. L'Herbiers DON JUAN ET FAUST führt eine beinahe abstrakte Komposition eines Mannes auf dem Dach vor; Bilder mit großer Tiefenwirkung findet man in Langs METROPOLIS (Abb. 5) und Murnaus TARTUFFE (Abb. 6). Diese Technik wurde oft mit Objektiven kurzer Brennweite vollbracht, die das Bild verzerren, wie in dieser Einstellung aus TARTUFFE oder in dieser aus Eisensteins DIE GENERALLINIE (Abb. 7). Insgesamt läßt sich also während der Stummfilmzeit eine Gegenbewegung feststellen, hin zu größerer Tiefe und Plastizität; das Ziel waren Einstellungen, die schon Jahrzehnte vor KANE sehr »Welles-artig« aussahen.

Diese Tendenz hielt während der ganzen dreißiger Jahre an – Bazin beobachtete sie bei Renoir (in Filmen wie TONI, Abb. 8) und William Wyler, in Filmen mit Gregg Toland als Kameramann, wie DEAD END (Abb. 9). Wenn man die Sache noch großräumiger betrachtet, kann man praktisch überall Regisseure finden, die sozusagen »in-der-Tiefe« denken. Und fast immer nehmen sie beim Drehen die Künstlichkeit des Studios zur Hilfe. Der »Papst« der Montage, Eisenstein, verwendete grotesk übertriebene Tiefenwirkungen in seinem verschollenen Film BEZHIN WIESE. Der große japanische Regisseur Kenji Mizoguchi verwendete erstaunlich KANE-ähnliche Kompositionen in DIE ELEGIE VON NANIWA. Und in Hollywood findet sich bei Hawks (in TWENTIETH CENTURY), Borzage (in FAREWELL TO ARMS) und Mervin LeRoy (in ANTHONY ADVERSE) Vergleichbares.

Vor allem John Fords Filme der dreißiger Jahre spielen auf erstaunlich vielfältige Art mit Tiefenwirkungen. ARROWSMITH, eine Goldwyn-Produktion der frühen Dreißiger – Kameramann war George Barns, sein Assistent Gregg Toland – führt viele verblüffende Tiefenkompositionen vor. (Abb. 10) Das ganze Jahrzehnt hindurch, manchmal mit Toland als Kameramann und noch öfter ohne ihn, inszeniert

Ford immer wieder Szenen auf verschiedenen, immer durch-
gehend scharfen Ebenen: in der Gerichtssequenz von YOUNG
MR. LINCOLN, den Innenaufnahmen von STAGECOACH und in
den Familienszenen von HOW GREEN WAS MY VALLEY – der
Film, der 1941 den Oscar als bester Film bekam, statt CITI-
ZEN KANE. Welles hat Fords Einfluß oft zugegeben und gelegentlich behauptet, daß STAGECOACH derjenige Film war, den
er vor KANE am intensivsten studiert habe – ein Einfluß, der
anhand vieler Kompositionen evident ist.

In den frühen vierziger Jahren, als KANE produziert wurde,
waren einige Filme von der Idee der Tiefenstaffelung und
von Bildern mit großer Tiefenschärfe regelrecht besessen.
OUR TOWN (Abb. 11), inszeniert von Sam Wood, verwandel-
te Thornton Wilders karges Stück in eine Orgie von Tiefen-
effekten. KINGS ROW stellte das gleiche mit einer Kleinstadt-
Novelle an. John Hustons THE MALTESE FALCON (Abb. 12)
machte dagegen vergleichsweise bescheidenen Gebrauch
von Tiefenschichtung und Weitwinkelobjektiven. Alle Hol-
lywood-Studios trugen diesen Trend mit, aber RKO tat sich
besonders hervor. In Boris Ingsters STRANGER ON THE THIRD
FLOOR von 1940 (mit Peter Lorre in der Hauptrolle) und
William Dieterles DEVIL AND DANIEL WEBSTER (auch ALL
THAT MONEY CAN BUY genannt, Abb. 13) von 1941 findet
man verblüffende Tiefeneffekte. In dieser Einstellung aus
Dieterles Film beherrschen die hufeisenwerfenden Spieler
den Vordergrund, während sich der Protagonist des Films
der Kamera aus dem Hintergrund nähert. Hier kann man
gut sehen, wie mit Tiefenstaffelung, niedrigem Kamera-
standpunkt und Weitwinkel geradezu groteske Verzeich-
nungen erzielt wurden.

Zusammenfassend läßt sich sagen, daß die »pan-focus«-
Kompositionen von CITIZEN KANE einer breit angelegten
Entwicklung geschuldet sind, die sich verstärkt innerhalb
des Studio-Films während der dreißiger und vierziger Jahre
mit mehr Tiefe in der Mise-en-scène und in der Kameraarbeit bemerkbar machte. Damit nimmt man Toland und Wel-

Abb. 10   Abb. 11

Abb. 12   Abb. 13

les ebenso wenig Originalität wie mit der Behauptung, daß
Raphael ohne Giotto nicht zu denken wäre. Und vielleicht
würde sogar Bazin meine historische Skizze akzeptieren,
aber, nachdem er mir Recht gegegeben hat, ergänzen, daß all
diese Regisseure sich auf einen räumlichen Realismus hinbe-
wegen, wie er in KANE schließlich zur Vollendung gelangt.
Aber noch eine andere Tendenz wird wichtig, um die Originalität unseres Films richtig einzuschätzen; dabei nimmt die
Künstlichkeit des Studios eine noch prominentere Rolle ein.
Wir werden sehen, daß die Modelleisenbahn, mit der der
Junge spielt, zu erstaunlichen Dingen fähig ist.

Während der Stummfilm-Ära waren Deutschland und die
Vereinigten Staaten die beiden Nationen mit den am reich-
haltigsten ausgestatteten Studios. In beiden Ländern gab es
Architekten, Bühnenbildner, Spezialisten für Kostüme,
Ausstattung und Licht, die großangelegte Filmspektakel

schufen. Das goldene Zeitalter der deutschen Studioproduktion brachte großartige Bauten hervor, man denke nur an Lubitschs DAS WEIB DES PHARAO. Besonders berühmt waren die Großproduktionen der UFA wie SIEGFRIED und KRIEMHILDS RACHE (Abb. 14), bei denen Fritz Lang Regie führte, der selbst einschlägige Erfahrung als Architekt hatte; die futuristischen Stadtlandschaften von METROPOLIS (Abb. 15/16) sind ein weiteres Beispiel dafür.

Zur selben Zeit wurden in Hollywood riesige Sets für Superproduktionen gebaut, etwa die berühmt-berüchtigte und teure Nachbildung Monte Carlos in Erich von Stroheims FOOLISH WIVES (Abb. 17/18). Amerika und Deutschland beeinflußten und befruchteten sich gegenseitig, Lubitschs erster amerikanischer Film ROSITA (Abb. 19) ist nur ein Beispiel, ein anderes der bemerkenswerte SUNRISE (Abb. 20/21), Murnaus erste Arbeit in Hollywood.

Manchmal wurden solche Sets tatsächlich in solch grandiosem Maßstab gebaut, viel öfter jedoch wurden sie durch optische Täuschungen erzeugt, etwa indem man sie mit falscher Perspektive baute. Die Stadt und der Jahrmarkt in SUNRISE zum Beispiel wurde in kleinem Maßstab im Hintergrund gebaut, Kleinwüchsige und Kinder stellten normalwüchsige Leute in größerer Entfernung von der Kamera dar. Aber normalerweise verwendete man in Hollywood sogenannte *glass-shots*. Dabei wurde ein Motiv auf eine Glasscheibe gemalt und vor die Kamera gehalten, um so die Illusion riesiger Bauten zu erzeugen, etwa in William Cameron Menzies THE BELOVED ROGUE. Miniaturen konnten auch verwendet werden, um im Vordergrund Dekorelemente zu ersetzen. Der deutsche Kameramann Eugen Schüfftan entwickelte ein Verfahren, bei dem Miniaturen ins Bild eingespiegelt wurden; viele der Hochhaushintergründe in METROPOLIS wurden so hergestellt.

Ein anderer illusionistischer Spezialeffekt ist die »Komposit-Photographie«. Dabei werden zwei oder drei Ausschnit-

Abb. 14

Abb. 15

Abb. 16

Abb. 17

Abb. 18

Abb. 19

Abb. 20

Abb. 21

te der Einstellung hintereinander gefilmt und dann wie Teile eines Puzzles zusammengefügt. Eine verbreitete Form der »Komposit-Photographie« war die Rückprojektion. Dabei agierten die Schauspieler vor einer Leinwand, auf die ein anderes Bild – Dia oder Film – projiziert wurde. In einer Einstellung aus TWENTIETH CENTURY ist ein Bahnhof im Hintergrund eine Rückprojektion. Die Rückprojektion verbesserte sich während der dreißiger Jahre erheblich, als mit der Einführung des Tonfilms Motoren hergestellt wurden, durch die Tonbandgerät und Kamera synchron liefen. Dieses Verfahren konnte leicht auf die Rückprojektion übertragen werden: Kamera und Projektor wurden miteinander verbunden, so daß sich die Blenden von Kamera und Projektor zur gleichen Zeit öffneten. Durch den hochempfindlichen, panchromatischen Negativfilm, der 1928 erstmals verwendet wurde, konnte die Kamera das vom Rückprojektor relativ schwach projizierte Bild besser aufnehmen. Die Technologie der Rückprojektion wurde auch durch die starken Projektionslampen verbessert, die hergestellt wurden, um die großen Leinwände der Kinopaläste auszuleuchten.

Für eine andere Form der Kompositphotographie verwendete man den Optischen Drucker (die Optische Bank, *optical printer*) (Abb. 22). Grundsätzlich bestand ein Optischer Drucker aus einer Kamera mit Objektivanschluß und einer der Kamera zugekehrten Projektionsvorrichtung. Beides war verschiebbar auf einer Schiene montiert. Mit dem eingebauten Projektor wurde nun ein Bild projiziert, das die Kamera aufnahm, wobei aber nur ein Teil des Negativs belichtet wurde, der andere Teil wurde abgedeckt. Beim zweiten Durchlauf wurde der andere Teil des Negativs mit einem anderen Teil des Bildes aus dem Projektor belichtet, und so fort. Ein Komposit-Bild konnte aus verschiedenen Elementen zusammengesetzt werden – gemalten Dekorationen, Miniaturlandschaften, teilweise belichteten Photographien, und ähnlichem – je nachdem ob das Negativ zweimal oder öfter belichtet wurde. Nachdem Eastman in den späten

Abb. 22

zwanziger Jahren eine hochempfindliche Negativ-Kopier-
Emulsion eingeführt hatte, konnten Teile bereits bestehen-
der Bilder ohne größeren Qualitätsverlust abphotographiert
werden.

Der Optische Drucker wurde gewöhnlich für Einblenden,
Ausblenden, Überblenden und andere optische Übergänge
verwendet. Oder die Studiotechniker fügten mit seiner Hilfe
einer Einstellung *mattes* ein. Eine *matte* ist schlicht eine
Maske, die Teile des Negativs beim Belichten abdeckt, entweder in der Kamera oder im Optischen Drucker. Wenn die
matte entfernt wird, bedeckt eine zweite *matte* die belichte-
te Stelle, während die unbelichtete Partie durch die Kamera
läuft, um ein zweites Bild aufzunehmen. Häufig bestand ein
Teil der Aufnahme aus einem *matte-painting*, ein Glasgemälde, das geschickte Maler ausgesprochen veristisch aus-
führten. Weil das optische Drucken zeitraubend, teuer und
technologisch vergleichsweise aufwendig war, erreichte die
Arbeit mit der *matte* in Hollywood während der Tonfilmära

ein Maß höchster Vollendung. Damit wurde Victor Hugos Paris in William Dieterles HUNCHBACK OF NOTRE DAME von 1939 lebendig; *matte*-Effekte ermöglichten Dorothy und ihren Kumpels auch auf der »Yellow Brick Road« nach »Oz« zu tanzen.

Effekte wie diese, bei denen die Linie, die die beiden Teile des Bildes voneinander trennt, unbeweglich bleibt, nennt man »statische« *matte*. Eine *travelling matte* ist viel schwieriger auszuführen, weil der Effekt-Spezialist eine ganze Serie von *matte*-Paaren herstellen muß, jedes mit einem etwas anders gelagerten Stoß. Dann muß der Film Bild für Bild belichtet werden, wobei nacheinander immer nur eine *matte* zum Einsatz kommt, dann wird er nochmals belichtet, wobei nur die entgegengesetzten *mattes* verwendet werden. Das Ergebnis ist eine sich bewegende Verbindung zwischen zwei einzelnen Bildern.

Während der dreißiger Jahre wurden mit *travelling mattes* vor allem Wischblenden hergestellt: dabei gleitet eine Linie über das Bild und zieht schrittweise ein neues Bild in die Leinwand, ohne daß das vorhergehende überblendet wird. Der »Virtuose« des Optischen Druckers, Linwood Dunn – wir haben ihn vorhin mit seinem Arbeitsgerät posieren gesehen –, experimentierte mit Wischblenden verschiedenster Form und Richtung, etwa in dem RKO-Film FLYING DOWN TO RIO (1933); Sägezahnlinien, sternförmige Eruptionen und Spiralen lassen elaborierte Übergänge entstehen. Im RKO-Film MELODY CRUISE hält eine Frau eine Parfümflasche in Großaufnahme hoch; plötzlich dringen Hände, die Gläser halten, von allen Seiten in den Rahmen, um dort anzustoßen.

Als Orson Welles nach Hollywood kam, konnten die Studios, eingeschlossen in ihre schalldichten Aufnahmeräume, eine komplette und selbstbezogene Welt aus Film erschaffen. Das schmückende Beiwerk der Spezialeffekte wie Rückprojektion und Optischer Drucker gaben dem Filmemacher in Hollywood ein Potential zur Künstlichkeit wie nie zuvor.

Für viele Filmemacher führten diese Möglichkeiten zum Wunsch nach einem illusionistischeren Kino. Mit ausufernden Bauten, optischen Tricks und Kompositphotographie konnte man Bilder herstellen, die das Auge täuschten. Andere Filmemacher hingegen entschieden sich dafür, eher das Potential zur Stilisierung, das in diesen Techniken steckte, auszureizen. Sie wollten keine Illusion der Wirklichkeit zeigen, sondern phantastische und phantasmagorische Welten erschaffen.

Die neue Technologie begünstigte so die Fortsetzung des sogenannten *Gothic-Baroque* oder »Amerikanischen Expressionismus«. Lassen Sie mich diese genealogische Linie noch einmal zurückverfolgen. Die Bildkunst des Expressionismus nimmt dabei eine Schlüsselstellung ein. Die Filme in der Nachfolge CALIGARIS zeichneten sich durch die Verwendung verzerrter Bauten und geometrischer Lichtblöcke aus. VON MORGENS BIS MITTERNACHT (Abb. 23), vielleicht der »expressionistischste« aller Stummfilme, und RASKOLNIKOV sind nur zwei Beispiele für diese Form verzerrter Dekors und Ausleuchtung, für die sich die Bezeichnung »Deutscher Stil« eingebürgert hat. Bis mindestens 1929 enthielten selbst scheinbar »realistische« Streifen wie Joe Mays ASPHALT (Abb. 24) deutlich expressionistische Inszenierungsmerkmale.

Abb. 23   Abb. 24

Viele amerikanische Regisseure waren fasziniert vom deutschen Stil und paraphrasierten ihn nach ihren Vorstellungen. Selbst von Stroheim hatte etwas für diesen Stil übrig, wie die später herausgesschnittenen symbolischen Teile von GREED belegen. Meistens war dieser Stil bei Kriminalgeschichten oder mysteriösen Geschichten gefragt, wie etwa in Roland Wests THE BAT WHISPERS, ein herausragendes Beispiel für den »Amerikanischen Expressionismus«. Bis weit in die dreißiger Jahre blieb diese Seite des amerikanischen Kinos mit ihren bizarren Bauten, dem scharfkantigem Licht und ihren phantasmagorischen, überlebensgroßen Bildern ein fester Bestandteil des amerikanischen Films, wie man an Ingsters STRANGER ON THE THIRD FLOOR sehen kann.

Der vielleicht wichtigste Vertreter dieses eklektischen *Gothic-Baroque* war William Cameron Menzies. Menzies, Szenograph und gelegentlich auch Regisseur, ist besonders durch seine Arbeit an GONE WITH THE WIND bekannt geworden, wo er die Berufsbezeichnung und Aufgabe des »Production Designer« schuf. Weniger bekannt ist, daß Menzies seit den frühen zwanziger Jahren auch bemerkenswerte Sets für Fantasy, Mystery- und Abenteuerfilme entwarf: Lubitschs ROSITA, Fairbanks THIEF OF BAGDAD und Ronald Colemans BULLDOG DRUMMOND (Abb. 25), eine veritable Orgie atmosphärischer expressionistischer Effekte, gehören zu seinen Werken.
Menzies verwendete in manchen Filmen Schärfentiefe mit beinahe karikaturhafter Überzeichnung: THE BELOVED ROGUE und BULLDOG DRUMMOND sind Beispiele dafür. Auch in seinen späteren Filmen läßt sich diese Tendenz beobachten, wie etwa in seinen Entwürfen für Sam Woods *gothic version* von OUR TOWN. Menzies erkannte früh die Bedeutung der neuen Technologie des optischen Druckens. Manchmal verwendete er sie, um realistische Bilder zu erzeugen, wie in den *matte*-Einstellungen von GONE WITH THE WIND. Aber er verwendete optischen Druck auch, um weitaus stilisiertere Bilder zu machen, wie in den *travelling mattes*, die die

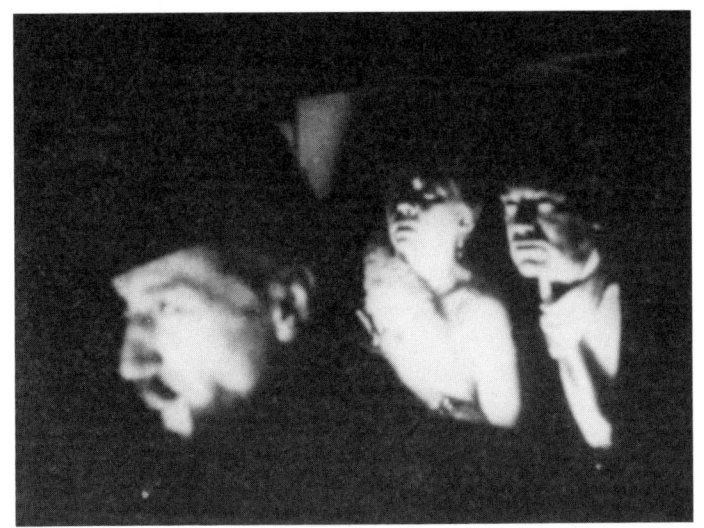

Abb. 25

Abb. 26

Rückkehr der toten Tochter in OUR TOWN zeigen. Wenn ein Einzelner als Vorläufer für Welles' und Tolands Innovationen gelten könnte, würde ich Menzies nennen. Von allen Filmen der vorangehenden zwei Dekaden weisen seine am stärksten auf CITIZEN KANE voraus.

Sie werden schon bemerkt haben, daß ich Welles' Film in diese Tradition des »Amerikanischen Expressionismus« einordnen möchte. Nehmen wir als Ausgangspunkt die Darstellung von Kanes Anwesen »Xanadu« (Abb. 26). Sein Vorbild war zwar offensichtlich William Randolph Hearsts »San Simeon«, aber schon ein flüchtiger Blick zeigt, wie Welles das in Sonne getauchte Original in ein monströses, vernebeltes, sich aus Sümpfen erhebendes Schloß, ein wenig wie von Wilkie Collins oder Gustav Doré, verwandelt hat. Das düstere *chiaroscuro*, in das fast alle Schauplätze des Films getaucht sind, erinnert immer wieder an die scharfkantigen und bizarren Silhouetten der Entwürfe Menzies für BULLDOG DRUMMOND. Durch die Verwendung von Miniaturen, zum Beispiel für den »El Rancho Night Club«, konnten riesige Räume suggeriert werden, ohne tatsächliche Sets bauen zu müssen.

Auch die Komposition der einzelnen Einstellungen hat viel mit der Hollywood-Tradition des *Gothic-Baroque* zu tun. Die Einheit des Raumes, die Bazin und die *Nouvelle Critique* so sehr beeindruckte, ist im Grunde ein Nebenprodukt einer stark stilisierten Ästhetik, deren Quellen in den deutschen und amerikanischen Studio-Standards der zwanziger Jahre sowie den neuen illusionistischen Hollywood-Technologien der dreißiger Jahre liegen.
Nehmen wir eine Einstellung, auf die Toland besonders stolz war: Kanes Angestellte bewundern den Ehrenpokal, der ihm überreicht werden soll (Abb. 27). Diese statische, vollgestopfte Komposition – jeder Mann hat sein Gesicht an einer genau ausgetüftelten Stelle – ist eine verstärkte und überzogene Neuauflage von Tolands Arbeit für Wylers

Abb. 27

DEAD END. Wie so viele andere Bilder in KANE läßt diese Einstellung die Hollywood-Normen des orthodoxen Geschich-
tenerzählens zugunsten einer barocken Selbstbewußtheit
hinter sich.

Verschiedene andere Einstellungen bezeugen Tolands Fähig-
keiten, die neuen kinematographischen Möglichkeiten auszureizen. An der erstaunlichen Einstellung zum Beispiel, in
der Susan Kane verläßt und im Vordergrund ihre Puppe ihre
Haltung verdoppelt (Abb. 28), sieht man, wie begabt Toland
war. Andererseits ist diese Einstellung auch grotesk über-
zeichnet. Oder nehmen wir die Szene, in der Kane seinen
Mantel im Vorbeigehen seinem Angestellten zuwirft
(Abb. 29): der Mantel kommt aus der Tiefe des Bildes mit
solcher Dynamik auf die Kamera zugeflogen, daß man un-
willkürlich an die starken Diagonalen manieristischer Malerei denken muß. Und so beeindruckend die Untersichten
auf die berühmten Welles'schen Zimmerdecken auch sein
mögen (Abb. 30/31), die Kompositionen sind auch hier

Abb. 28

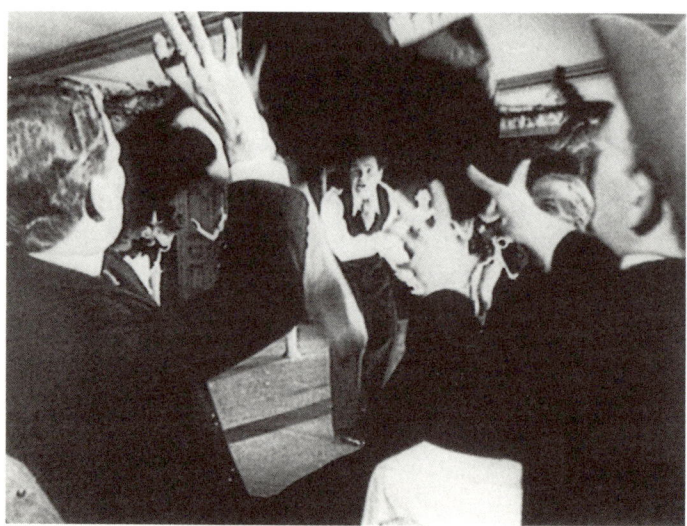

Abb. 29

136

Abb. 30

Abb. 31

137

übertriebene Fassungen bestimmter Einstellungen bei Ford, die ihrerseits schon einen gewissen Grad expressionistischer Verzeichnung haben.

Einstellungen wie diese wurden direkt in der Kamera gemacht, mit tatsächlichem Gebrauch des *pan-focus*. Aber eines der Paradebeispiele ist in Wirklichkeit ein penibel eingerichteter Illusionseffekt. Die berühmte Szene von Susans Selbstmord (Abb. 32), von Bazin so gepriesen, wurde in Wirklichkeit mit der altmodischen Technik der Doppelbelichtung hergestellt. Zunächst wurde die vordere Bildebene mit Glas und Flasche vor einem schwarzen Hintergrund gefilmt. So konnten alle Elemente scharf gestellt werden. Anschließend wurden die Gegenstände entfernt, der Film wurde in der Kamera zurückgespult. Toland schaltete das Licht im hinteren Teil der Dekoration ein und filmte nun die eigentliche Aktion, wobei die hintere Partie scharf gestellt wurde. Man beachte, wie sorgfältig Toland die Schlagschatten verteilte, um jede Spur einer Überbelichtung der Gegen-

Abb. 32

138

stände im Vordergrund zu verwischen. Das Ergebnis war eine erstaunliche Komposition, die aber nicht wirklich mit *pan-focus* hergestellt wurde, da für jeden Durchgang der Aufnahme neu fokussiert wurde.

Welles und Toland gingen noch weiter, indem sie »Schärfentiefe«-Effekte mit Hilfe der neuen Technik, Bilder verschiedener Aufnahmegenerationen zu kombinieren, erzeugten. Ich mindere unseren Respekt für den Magier hoffentlich nicht allzu sehr, wenn ich hier einige der Geheimnisse seiner Tricks verrate. Meine Bewunderung ist angesichts der genialen Verwendung der Technolgie der dreißiger Jahre eher gewachsen. Aber wenn man die *gothic-baroque* Seite von KANE verstehen will, muss man analysieren, wie sich Welles die neuen technologischen Möglichkeiten anverwandelt hat, um seine Vision von übernatürlichen Bildern zu verwirklichen. Zur Verteidigung meiner Analyse könnte ich auch auf das kürzlich erschienene, lange Interview mit Peter Bogdanovich hinweisen[*], in dem Welles CITIZEN KANE ohne Skrupel als »großen Schwindel« bezeichnete: »Es gab so viele Trick-Aufnahmen – . . . voll mit hängenden Miniaturen und *glass shots* und anderem. Es gab sehr wenig tatsächlich gebaute Sets.«

Um Welles Schwindel an einem Beispiel zu zeigen, muß man sich nur den Gebrauch der Rückprojektion im Film ansehen. Normalerweise wurde mit dieser Technik ein mehr oder minder neutraler Hintergrund für eine einfache Handlung erzeugt: Man sieht zum Beispiel eine Landschaft durchs Autofenster, während die Protagonisten fahren. Aber bei Welles und Toland wurden mit Rückprojektion viele derjenigen Bilder produziert, von denen Bazin und seine Kollegen glaubten, sie seien in einem Arbeitsgang mit der Kamera gemacht worden. Der Hintergrund in Lelands Wochenendhaus, in das er sich zurückzieht, um seinen Gedanken nachzugehen, ist eine Diaprojektion. In der Einstellung,

---

[*] Hrsg. von Jonathan Rosenbaum; dt.: *Hier spricht Orson Welles*. Weinheim: Beltz, 1995.

in der Kane eine Rede hält und sein Boss Getty auf ihn hinabblickt (Abb. 33), wird Tiefe durch die Rückprojektion erzeugt (die Linie zeigt die Grenze zwischen den Bildteilen). Auch die berühmte Szene, in der Kane Jed Lelands Zeitungskritik redigiert (Abb. 34), ist so aufgenommen. Ohne weiteres läßt sich das gleiche Verfahren bei dieser Einstellung, in der Susan sich mit Kane in »Xanadu« unterhält (Abb. 35), erkennen. Im vielleicht dreistesten Fall ergänzt das Bild einer Rückprojektion eine der bekanntesten tiefenscharfen Einstellungen des Films: die berühmte Szene, in der Kanes Mutter ihn zu seinem neuen Vormund Mr. Thatcher schickt.

Noch erstaunlicher ist, wie der Film vom Optischen Drukker Gebrauch macht. Bei RKO hatte Welles die vielleicht beste Spezialeffekte-Abteilung Hollywoods zur Verfügung. Vernon Walker leitete sie, Linwood Dunn war Supervisor. Es war eben dieses Team, das die außergewöhnlichen Spezialeffekte der Blenden in MELODY CRUISE schuf, neben dem

Abb. 33

Abb. 34

Abb. 35

vorhin erwähnten Beispiel auch dieses bemerkenswerte: Ein Dampfer verläßt New York im Winter, und das Bild zersplittert in Dutzende Scherben. Die Fragmente fügen sich wieder zusammen, als der Dampfer in einen karibischen Hafen einläuft. Viel naturalistischer ist Dunns Arbeit für BRINGING UP BABY, in dem *travelling mattes* verwendet wurden, um den Leoparden zwischen Cary Grant und Katherine Hepburn einzufügen.

Es überrascht deswegen nicht, daß in KANE die Möglichkeiten der Trickabteilung von RKO in barocke Extreme getrieben wurden. Der Picknick-Konvoi wird mit einem *matte painting* gemeistert (Abb. 36). Die Flure in »Xanadu« – ein früher Verweis auf die Flure in Resnais' Hotel in Marienbad – wurden aus mehreren Stücken zusammengesetzt (Abb. 37). Die Spiegelung der Krankenschwester auf dem Schneesturm-Briefbeschwerer (Abb. 38) ist mit einer *matte* eingeblendet; das gleiche gilt für den Kakadu, der im Vor-

Abb. 36

Abb. 37

Abb. 38

dergrund kreischt, als Kane erfährt, daß Susan ihn verlassen will (Abb. 39). Nicht nur der Zoom in den Briefbeschwerer, sondern auch das Häuschen darin, ist ein Effekt aus dem Optischen Drucker. (Die Glaskugel war ursprünglich leer, und das Häuschen wurde hineinkopiert.) Als sich das fertige Filmbild als zu grobkörnig herausstellte, verlangte Welles, den Schnee darüberzulegen (Abb. 40/41). Insgesamt, erinnert sich Dunn, »verwendete Orson den Optischen Drucker so wie ein Künstler einen bestimmten Pinsel.«

Bazin glaubte, daß sich in Welles' Einstellungen der Respekt vor der Integrität von Zeit und Raum innerhalb des Kontinuums der wahrnehmbaren Wirklichkeit zeige. Tatsächlich aber gingen viele dieser Aufnahmen äußerst gewalttätig gegen das Ausgangsmaterial vor dem Objektiv vor. In vielen Fällen gab es gar keine wahrnehmbare Wirklichkeit, die man hätte aufnehmen können: Der gezeigte Raum ist manchmal so künstlich hergestellt wie im Zeichentrickfilm. Heute stellt sich CITIZEN KANE etwas plausibler als zentrale Arbeit

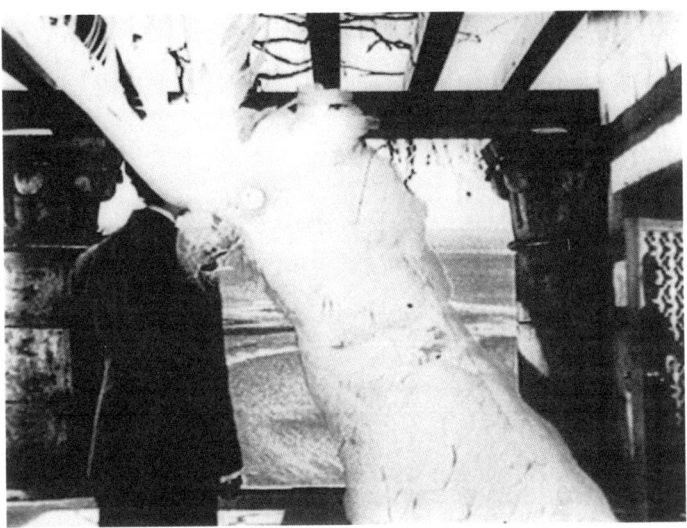

Abb. 39

Abb. 40

Abb. 41

des amerikanischen Expressionismus dar – ein Film, der alle
Register der Traumfabrik zieht, um uns in eine Welt der
Tunnel und Gewölbe zu entführen. Die berühmte Einstellung, in der Kane an einer endlosen Reihe Spiegel vorbeigeht
(Abb. 42), wird üblicherweise als Zeichen für sein narzißti-
sches Ego interpretiert, aber aus unserer jetzigen Perspektive ist es auch ein Symbol für die unglaubliche Üppigkeit,
mit der sich Welles des Apparats bediente, um eine trugbild-
hafte, auf sich selbst bezogene Welt zu erschaffen.

Ich habe bereits vom immensen Einfluß des Films gespro-
chen, der zu einem Teil von den erstaunlichen Leistungen im
Bereich der tiefenscharfen Photographie herrührte. Zweifellos ermutigte die Zusammenarbeit von Toland und Welles
beide, ihre Experimente in dieser Richtung intensiv voran-
zubetreiben. Toland arbeitete als nächstes an THE LITTLE FO-
XES für Wyler und später, nach dem Krieg, an THE BEST
YEARS OF OUR LIVES (Abb. 43). In beiden wurde sehr ge-

Abb. 42

146

Abb. 43

konnt echter, also mit den Mitteln der Kamera erzeugter
»pan-focus« verwendet, aber beiden fehlten die *gothic-baroque* Qualitäten, die Welles eingebracht hatte. In den vierziger und fünfziger Jahren galt der tiefenscharfe Look mit
harten Kanten als selbstverständlich, zumindest in Genrefil-
men mit ernster und dramatischer Handlung. Robert Siod-
maks The Killers, Anthony Manns Winchester 73 und Joseph H. Lewis' Gun Crazy (Abb. 44), sie alle kultivierten ein
Welles'sches Aussehen. In Europa wurden ähnliche stilistische Merkmale zum Allgemeinplatz. Helmut Käutners Des
Teufels General verwendet die beschriebene Technik während einer ganz normalen Unterhaltung, Fellini zeigt in I Vi-
telloni in diesem Stil die unterschiedlichen Reaktionen auf
den Zusammenbruch einer Frau an (Abb. 45). In den ge-
nannten Filmen steigert die Technik tatsächlich den »Realismus« des Raums und eine Art der Wahrnehmung, wie sie
Bazin hochgehalten hatte.

147

Abb. 44

Abb. 45

148

Ich würde trotzdem behaupten, daß die wahren Nachfolger von Welles diejenigen Regisseure waren, die die flamboyanten, unrealistischen Qualitäten der Schärfentiefe sahen und auf die Spitze trieben. In Wajdas ASCHE UND DIAMANT nimmt das Gesicht des Mörders drohend den Vordergrund ein, während sein Partner im Hintergund wartet und das Opfer eintritt. Ähnlich verwandelt Polanski in seinem Film DAS MESSER IM WASSER die Geschichte über sexuelle Rivalität in eine manierierte Stilübung zum Thema räumliche Verzerrung. Welles' Vermächtnis am nächsten steht vielleicht Paul Ruiz, der in Filmen wie LIFE IS A DREAM *split-focus-diopters*, wie man sie aus der Photographie kennt, verwendet, um desorientierende Bilder zu schaffen, in denen Gesichter und Gegenstände sich in einer Art Vakuum frei bewegen.

Heute warten die Hollywood-Modelleisenbahnen noch immer auf den Jungen, der mit ihnen spielt. Die gleichen technischen Mittel, die Welles so faszinierten, dienen neuen Generationen von Regisseuren. Der neue Film des Sommers 1994, SPEED, verwendet *travelling mattes* und Hintergrundmalerei. Die einzelnen Teile werden statt mit dem Optischen Drucker mit Hilfe des Computers zusammengesetzt, das Prinzip aber bleibt das gleiche. So wie Welles zunächst sein »Xanadu« gefilmt und Linwood Dunn es anschließend mit Skulpturen und Kakadus ausgestattet hat, nimmt Spielberg seinen »Jurassic Park« auf, läßt dann sein Team die Dinosaurier einfügen – zuvor wurde deren Position im Raum mit kleinen Marken festgelegt, anschließend fügt der *animator* an seinem Monitor Bewegung, Textur und Schatten ein. Und, in einem fernen Nachhall von Welles Fingerfertigkeit, läßt Coppolas DRACULA Transsylvanien mit Rückprojektion und ausgedehnten Schatten wiederauferstehen. Hier setzt sich eine Tradition fort, in der die Kamera eine Raum- und Zeitvorstellung wiedergibt, die sich von der uns bekannten unterscheidet – eine Welt, in der die Künstlichkeit über allem regiert.

Übersetzung: Ingo Fließ

David Bordwell: DIE HARD - und die Rückkehr des klassischen Hollywood-Kinos

Vortrag am 20. 6. 1994 im KAMMER-Filmtheater, Marburg

David Bordwell im KAMMER-Filmtheater

Einleitung vor Beginn des Films

Vielleicht ist es eine Provokation, daß ich gerade diesen Film von John McTiernan, DIE HARD (deutscher Verleihtitel: STIRB LANGSAM I) aus dem Jahr 1988 ausgesucht habe. Ich hätte zum Beispiel einen experimentelleren Film oder einen amerikanischen Independent-Film aussuchen können. Etwas von Hal Hartley oder den Coen-Brüdern. Aber ich habe mich für etwas Populäreres entschieden – einen Film, der für ein Massenpublikum gedacht ist. Eins meiner Probleme als Professor in den USA ist, meine Studenten, die amerikanisches Kino lieben, von der Bedeutung großer Regisseure wie Tarkowskij, Wenders, Fassbinder, Herzog, Eisenstein etc. zu überzeugen. Wenn ich nach Europa komme, habe ich fast das Gefühl, ich müßte die Intellektuellem hier von der Qualität des gängigen amerikanischen Kinos überzeugen. Ich weiß, daß europäische Studenten die Filme von Hartley, David Lynch und den Coen-Brüdern kennen. Aber ich glaube, daß sie oftmals die Macht des *gewöhnlichen* Kinos – nicht gerade im Sinne von Kitsch-Kino, sondern von einfach konsumierbarem Kino – nicht besonders schätzen: Filme, die man sich überall auf der Welt immer wieder ansieht.

Eine These meines Vortrags ist, daß auch dieses Kino seine Schönheit besitzt. Es ist nicht nur ein Kino der Explosionen, Schießereien und Liebesgeschichten, sondern auch ein Kino voller Kraft und Phantasie. Doch manchmal ist das schwieriger zu erkennen. Denn wie überall im Kino gibt es gute und schlechte Beispiele. Meiner Meinung nach ist DIE HARD – ein Film, der in Amerika und überall auf der Welt bei Erscheinen 1988 sehr erfolgreich war und großen Einfluß auf Hollywood hatte – auf seine eigene Art ein ebenso interessanter Film wie jede andere amerikanische Produktion der letzten 15 Jahre. Vielleicht eine Provokation? Wir werden sehen. Daß wir uns hierzulande mit der deutschsprachigen Fassung begnügen müssen, liegt daran, daß für Deutschland keine englischsprachige Kopie freigegeben wurde. Ich weiß zwar nicht genau warum, habe aber diesbezüglich einen Verdacht und werde später darauf zurückkommen. Zunächst einmal viel Spaß mit dem Film.

Vortrag nach der Filmprojektion

Ich nenne meinen Vortrag »DIE HARD und die Rückkehr des klassischen Hollywood-Kinos«. Der Grund für diese kleine Polemik ist eine Behauptung, die in den letzten Jahren sehr modern geworden ist: Das Hollywood-Kino, wie wir es aus den 30er, 40er, 50er und 60er Jahren kennen, sei tot. Diese klassische Tradition habe sich gewandelt. Die einen reden von »post-klassischem« und die anderen von »postmodernem« Kino, wie auch immer man es nennen möchte. Im Ausland existiert die allgemeine Auffassung, daß es mit Hollywoods »Traumfabrik« aus und vorbei sei. Man ist der Meinung, Independent-Filme beziehungsweise eine Art marginales Hollywood-Kino seien zutiefst anti-klassisch geworden, wenn man zum Beispiel an David Byrnes Film TRUE STORIES denkt, oder David Lynchs Film FIRE WALK WITH ME – TWIN PEAKS, oder BARTON FINK von den Coen-Brüdern, oder Hal Hartleys TRUST. Alle diese Filme sind immer wieder als Beipiele für postmodernes amerikanisches Kino zitiert worden: schroffe, fragmentarische Geschichten, zersplitterte, flüchtige Bilder, durchsetzt mit einem gewissen ironischen und spöttischen Unterton in Bezug auf die klassische Tradition. In meinem Land bekommt man auch immer wieder den Standpunkt zu hören, daß sich nicht nur im Kunstkino, zu dem wir Independent- und marginales amerikanisches Kino zählen, sondern auch im populären Kino herkömmliche erzählerische Formen zersetzt hätten. Wir würden uns in einer Art post-klassischer Periode befinden, heißt es, in der nur noch das Spektakuläre zähle: eine überwältigende Bild-Sensation nach der anderen. Das Hollywood-Geschäft heute sei die Produktion von riesigen, groß-angelegten Spektakeln, wie zum Beispiel Sam Raimis DARK MAN, James Camerons ALIENS (1986), oder sein neuer Film TRUE LIES, oder die technologische Zauberei eines ROGER RABBIT. Es wird behauptet, das Einzige, was das Publikum heutzutage wolle, sei eine Flut schöner, phantastischer, gewalttätiger Bilder. Solide geschriebene Drehbücher, sorgfältige Motivation der Figuren und starke Handlungsstränge seien nicht mehr besonders wichtig. Das Hauptanliegen sei, das Publikum zu blenden – auch Spielberg sei dafür ein Beispiel.

Meine Gegenthese lautet, daß die Prinzipien des populären Hollywood-Kinos – eine Tradition, die in der Stummfilmzeit begründet, in der Tonfilmära weiterentwickelt wurde und über Jahrzehnte die Kinowelt bestimmte – nach wie vor existieren. Wir haben auch heute noch ein sehr traditionelles, klassisches amerikanisches Kino. Der populäre Mainstream-Film, wie Hollywood ihn hervorbringt, ist in vielen Fällen immer noch durch die Dramaturgie und Stilmittel der klassischen Periode geprägt. Könnten wir einen Kinobesucher von 1920 mittels einer Zeitmaschine in die Gegenwart versetzen, würde er den Film DIE HARD gut verstehen. Der Film wäre dieser Person sehr klar. Warum ich das sage? Weil Dramaturgie und Stilmittel des traditionellen amerikanischen Mainstream-Films nach wie vor eine große Anziehungskraft auf das Publikum ausüben. Nicht nur in Amerika, sondern überall auf der Welt. Die Faszination des Hollywood-Kinos liegt nicht nur im Spektakulären, seinen riesigen Ausmaßen oder seinen übermächtigen Schauwerten – sondern im Mittelpunkt stehen die Geschichten, die erzählt werden und wie sie erzählt werden. Das macht im Kern die Popularität und den ungebrochenen Reiz des amerikanischen Kinos aus, und das ist zumindest teilweise auf seine Ästhetik – die Ästhetik des populären Kinos – zurückzuführen. Meiner Auffassung nach hat sich daran in 75 Jahren nichts grundsätzlich geändert. Und DIE HARD soll dies belegen.

Zweifellos sind gerade die *action*-Sequenzen des Films, die Schießereien, Explosionen und Schlägereien, besonders attraktiv für den Zuschauer. Aber fest steht auch, daß der Zuschauer nicht nur durch diese spektakulären Elemente angezogen wird, sondern auch durch das, was wir die »Ideologie des Films« nennen könnten. Dieser Film transportiert einen thematischen Gegensatz von Populismus und Big Business. Die Konfrontation zwischen dem typischen, authentischen New Yorker und dem kalifornischen Ethos von Lockerheit, Flexibilität und sogar Schlagfertigkeit. Es existiert ein Dualismus zwischen den USA und dem Ausland, besonders Japan und Deutschland. Dieser Gegensatz wird in der deutschen Synchronfassung nicht klar. Die von Alan Rickman dargestellte Figur heißt in der amerikanischen Fassung »Hans Gruber« und nicht, wie in der deutschen Fassung,

»Jack Gruber«. Die von Alexander Godunov dargestellte Figur heißt Karl. Einige Gangster im Film sind Deutsche. Ich vermute, daß deshalb die Originalversion in Deutschland nicht verfügbar ist. Sie sind über die Sprache als Deutsche zu identifizieren und auf den ersten Blick erwecken sie den Eindruck, als wären sie Terroristen, was auch in dieser Kopie zum Ausdruck kommt – eine Art Baader-Meinhof-Analogie. Später stellt sich natürlich heraus, daß sie einfach nur Diebe sind. Aber das wiederum wird zu einem thematischen Element des Films. Wir haben also John (McClane), den Amerikaner, und Hans, das deutsche Äquivalent zu John, als seinen Gegenspieler. Dies ist in etwa abgedeckt, indem er Jack genannt wird, aber es ist nicht genau dasselbe.

Der Film benutzt viele dieser thematischen Elemente. Auch in der Figur der Holly Gennaro ist ein thematischer Dualismus angelegt: Ehefrau und Mutter versus erfolgreiche Geschäftsfrau. Natürlich stößt der Film sie zurück in die Rolle der Ehefrau und Mutter. Es sind demnach die unterschiedlichsten Lesarten der ideologischen Faktoren von DIE HARD möglich. Und es sind zweifellos unter anderem diese Elemente, die den Zuschauer gleichsam fesseln. Damit will ich nicht sagen, daß ausschließlich die Dramaturgie, der Filmplot, der Stil oder die Verwendung von Filmtechniken vom Publikum wahrgenommen werden, es gibt viel mehr Dinge, die interessant sind. Aber ich bin der Meinung, daß diese Dinge eine sehr wichtige Rolle spielen. Natürlich könnte man all diese Elemente, die spektakulären Seiten, die Anteile ideologischer Anziehungskraft, auch in weit weniger erfolgreichen und spannenden Filmen herausarbeiten. Ich unterstelle jedoch, daß der Hauptgrund für den Erfolg dieses Films in der Art und Weise liegt, *wie* er seine Geschichte erzählt. Dieser Prozeß wiederum entspricht strukturell und stilistisch den fundamentalen Prinzipien des traditionellen Hollywood-Kinos.
Ich will einige dieser Grundprinzipien hier ansprechen – eher zwanglos, es ist keine besonders genaue Liste, aber

vielleicht werden einige dieser Dinge ein paar Punkte streifen, die Sie diskutieren wollen.

Betrachten wir zum Beispiel die *Konstruktion des Filmplots*
– wie die Intrige, die Handlung insgesamt, artikuliert wird.
Der Hollywood-Film basiert seit den späten 10er Jahren, also bereits seit etwa 80 Jahren, *auf zwei parallelen Handlungssträngen:* Ein Erzählfaden beschäftigt sich mit der he-
terosexuellen Liebesgeschichte: Mann, Frau, Liebesaffäre.
Der zweite Faden bezieht sich auf etwas anderes: Die Arbeit, die jemand macht. Soziale Beziehungen, die jemand hat
usw. In dieser Hinsicht unterscheidet sich das Hollywood-
Kino oftmals von europäischem Nicht-Mainstream oder
weniger kommerziellem Kino, das selten mit zwei deutlich
hervorgehobenen, unterschiedlichen Handlungslinien arbeitet. Wichtig ist jedoch, daß diese beiden Handlungsstränge
in Hollywood-Filmen miteinander korrelieren. Was im einen Handlungsstrang passiert, beeinflußt die Entwicklung
des anderen.
Die zentrale Situation in Die Hard ist die Belagerung von
Nakatomi Plaza – eigentlich 20th Century Plaza in Los Angeles, denn die 20th Century Fox hat den Film produziert;
die Firma besitzt dort ein Hochhaus und konnte das Gebäude genau zu diesem Zweck nutzen. In die Belagerung des
Gebäudes sind John McClane, die Diebe und verschiedene
Polizeibeamte verwickelt. John McClane (Abb. 1) gegen die
Diebe Hans Gruber und dessen Kumpane. Da ist Hans
(Abb. 2). Und natürlich die Polizei (Abb. 3). Die Polizei ist
keineswegs Johns Verbündeter. Er hat sie ebenso gegen sich
wie die Verbrecher. Ein Handlungsstrang bezieht sich auf
Johns Kampf, das Gebäude zurückzuerobern. Wobei die
Polizei gleichzeitig Hindernis und Hilfe ist. Der Film han-
delt aber auch von den Beziehungs- und Eheproblemen
zwischen John und Holly. Die böse Polizei, das FBI
(Abb. 4/5) und hier John und Holly und ihre Beziehungs-
probleme (Abb. 6/7). Der Film verknüpft die parallelen
Handlungen mit dem Ziel, beide Situationen zu lösen. Nicht

Abb. 1

Abb. 2

Abb. 3

157

Abb. 4

Abb. 5

nur die Belagerung des Hochhauses, sondern auch Johns und Hollys Familienprobleme. Der Film thematisiert diese familiären Schwierigkeiten gleich zu Beginn. In der Tat stört Hollys Karriere beständig ihre Beziehung. Selbst als die beiden einen alten, routinierten Ehekrach vom Zaun brechen, kommt ihr Job dazwischen – sie muß gehen. Die Verknüpfung der beiden Plots ist ziemlich interessant, weil sehr viel davon über die Figur des farbigen Polizisten Al Powell läuft. Er ist ebenfalls verheiratet – ein sehr hingebungsvoller Ehemann, wie wir bei seiner Einführung sehen können. Er bringt seiner Frau Kuchen mit nach Hause (Abb. 8). Gleich-

Abb. 6

Abb. 7

zeitig ist er in die Belagerung, den Gangster-Angriff auf das Plaza verwickelt. Im Verlauf des Films wird er McClanes Vertrauter (Abb. 9). Er ersetzt Holly in dieser Situation gewissermaßen als die McClane nahestehendste Person. Die Verbindung zu Holly ist unterbrochen. Aber dank des Funkgeräts können John und Al zu Verbündeten und engen Freunden werden, obwohl sie sich nicht sehen können. Eine typische Männerfreundschaft, die im Hollywood-Kino immer eine sehr große Rolle gespielt hat, was McTiernan stilistisch sehr geschickt zum Ausdruck bringt.

In einer Einstellung beispielsweise folgen wir John – er geht

Abb. 8

Abb. 10

Abb. 12

160

Abb. 9

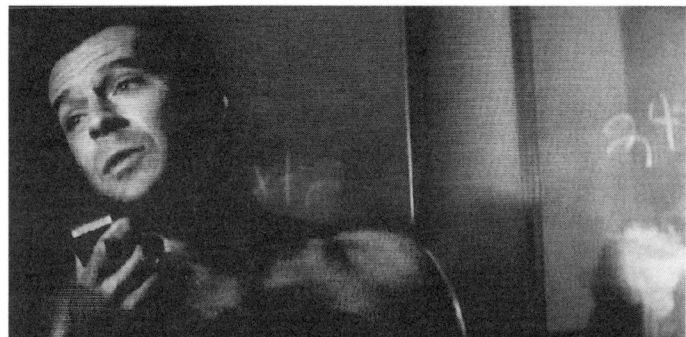

Abb. 11

Abb. 13

weg. Schnitt, Al kommt ins Bild, er redet mit John und die Kamera bewegt sich in einem sehr ähnlichen Rhythmus. Wir sehen John gehen, wir folgen ihm, die Kamera macht einen Bogen um ihn herum (Abb. 10/11). Und dann sehen wir Al in einer sehr ähnlichen Situation, die Kamera macht einen Bogen um ihn herum und zeigt ihn uns (Abb. 12/13). Die beiden Figuren sind demnach nicht nur durch die Tatsache verbunden, daß sie miteinander reden. Der stilistische Kunstgriff zweier Kamerafahrten verdeutlicht ihre Beziehung. Im Mittelpunkt dieser Verbindung steht natürlich die aktuelle Frage, wie John und Al zusammenarbeiten und versuchen können, die Terroristen aufzuhalten. Und ihre Beziehung wird auch vor dem Hintergrund von Johns Familiensituation herausgearbeitet: Als John mit blutenden Füssen im Badezimmer in der Falle sitzt (Abb. 14), bittet er Al, Holly nach seinem Tod zu sagen, daß ihm sein schlechtes Benehmen leid tue. Diese Funk-Verbindung macht Al (Abb. 15) zu der Figur, die Johns und Hollys Ehe wieder zusammenbringen wird. Falls John stirbt, wird er der Frau dessen Entschuldigung übermitteln, ihr klarmachen, daß John nicht so übel war, wie es schien. Die Person des schwarzen Polizisten Al ist nur eine Möglichkeit, die vielen verschiedenen Ebenen zu zeigen, auf denen beide Handlungstränge – Abenteuergeschichte und Liebesgeschichte –

Abb. 14

Abb. 15

zusammenhängen und sich wie ein Tandem durch den Film ziehen. Das ist ein sehr konventionelles Merkmal klassischer Hollywood-Drehbücher.

Ein zweiter Punkt ist die *Zielorientierung* der Parallelhandlung, die die Geschichte auf jeder Ebene vorantreibt. Eines der hevorstechendsten Merkmale im Hollywood-Kino ist, daß alle etwas Bestimmtes wollen. In einem europäischen Film wissen die Charaktere sehr häufig nicht, was sie wollen. Sie verbringen den halben Film damit herauszufinden, was sie wollen. Am Ende stellen sie möglicherweise fest, daß sie sowieso nichts wollten, oder daß sie kein Recht haben, irgendetwas zu wollen. Hollywood-Kino funktioniert so nicht. Von Anfang an wissen wir meist, was die Filmfiguren wollen. Der Wunsch treibt diese Charaktere. Argyle, der Chauffeur, will ein Trinkgeld. Er hilft McClane nicht, weil er ein netter Mensch ist, sondern weil McClane sich bei ihm bedanken soll, indem er ihm mehr Geld gibt (Abb. 16). Ein weiteres Beispiel in einer weniger wichtigen Szene: Ellis will Holly (Abb. 17/18). Das wird schon zu einem frühen Zeitpunkt im Film klargemacht. McClane will am Anfang quasi eine Lösung, was seinen Status als Ehemann betrifft. Er ist nach Kalifornien gekommen, um die Familienstreitigkeiten beizulegen. In diese Belagerungssituation gerät er durch die

Abb. 16

Abb. 17

Abb. 18

164

Tatsache, daß Holly nach Kalifornien gezogen ist, während
er in New York blieb, und durch sein Ziel, sich mit ihr zu
versöhnen. Und natürlich will der Böse, der Hauptkontra-
hent Hans, seinen Raub erfolgreich beenden und ist fest entschlossen, sich im Kampf gegen John durchzusetzen
(Abb. 19). Karls Motivation ist Rache, weil McClane seinen
Bruder Theo getötet und die Leiche auf so entwürdigende
Art in den Fahrstuhl drapiert hatte, »hohoho . . .« (Abb. 20).
Das ist eine Provokation. In gewisser Weise ist dieser Film
ein Spielplatz. Es geht um Jungen auf einem Spielplatz, die
sich gegenseitig ärgern. Diese unverhohlene Demütigung

Abb. 19

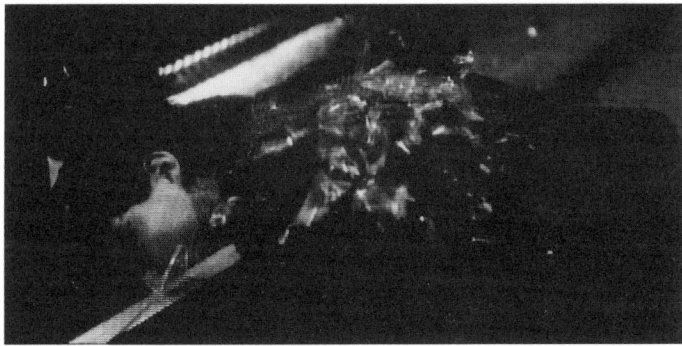

Abb. 20

Karls ist der Grund, warum er im Verlauf des Films so blut-
rünstig wird. Das Drehbuch ist sehr darauf bedacht, jeder
Hauptfigur, sobald sie eingeführt wird, ein sehr spezifisches
Ziel zu geben. Daß die Dramaturgie funktioniert, liegt daran, daß diese Ziele unvereinbar sind. Takagi wird Hans das
Geld nicht geben. Holly wird nicht sofort auf Johns Forde-
rung eingehen und so weiter. Die Charaktere werden sich
sträuben. Das führt zum Konflikt. Und das wiederum ist ein
echtes Klischee in der Hollywood-Dramaturgie. Wir alle gehen davon aus, daß der Hollywood-Film auf Konflikten basiert. Das ist richtig. Aber der Konflikt entsteht daraus, daß
die Figuren unvereinbare Ziele haben: Jede Person will etwas, während die anderen versuchen zu verhindern, daß sie
es erreicht.
Es gilt noch eine andere, sehr interessante Regel hinsichtlich
der Zielorientierung: Sie besagt, daß man es seinem Protagonisten sehr, sehr, sehr schwer machen soll. Wenn eine Person etwas haben will und es sofort bekommt, ist das nicht
gerade aufregend. Bekommt sie es nach einer kleinen Anstrengung, genausowenig. Hingegen ein Protagonist, der etwas haben will und ständig davon abgehalten wird, es zu bekommen, dem im Verlauf des Films sogar immer neue
Komplikationen aufgehalst werden, das ist spannend. Es ist
eine der schwierigsten Anforderungen an ein Drehbuch in
Hollywood. Neue Drehbuchautoren gestalten die Geschichte für ihren Protagonisten meistens zu einfach. Wir
wollen, sagt das Hollywood-Kino, daß es für den Protagonisten besonders hart ist. Wir wollen, daß der Protagonist
über sehr schwierige Hindernisse triumphiert. In Hollywood gibt es einen Slogan für Drehbuchautoren, der lautet: Im ersten Akt jagst du deinen Helden auf einen Baum,
im zweiten Akt wirfst du Steine nach ihm, im dritten Akt
kannst du ihn herunterkommen lassen. Aber der zweite Akt
ist entscheidend. Der Prozeß des Steinewerfens. Der Held
ist nicht nur isoliert, er wird auch noch gefoltert oder in jeder Hinsicht blockiert. Auf einen Nenner gebracht lauten
die Nachteile der Situation, in der McClane sich befindet:

Ein Mann gegen viele Männer in einem geschlossenen Raum. Er kann nicht raus. Er ist zu wichtig, um rauszukönnen. Er hat einen Revolver und an verschiedenen Punkten nicht mal das. Und natürlich hat er keine Schuhe an (Abb. 21). Es ist ein sehr raffinierter Einfall vom Drehbuchautor, erst für John alles so schwierig wie möglich zu gestalten und obendrein ihm noch die Schuhe zu nehmen. Zunächst scheint es kaum von Bedeutung zu sein. Er macht Fußgymnastik. Aber im Verlauf des Films wird seine Situation dadurch sehr ernst. Viele Szenen beziehen sich darauf. McTiernan betont den Nachteil, mit dem McClane konfrontiert ist, weil er keine Schuhe anhat. Das gibt Anlaß für

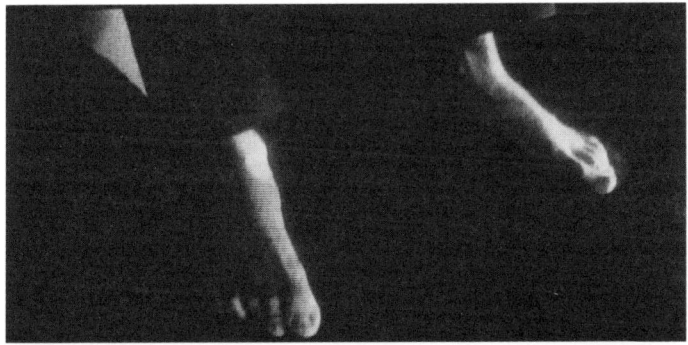

Abb. 21

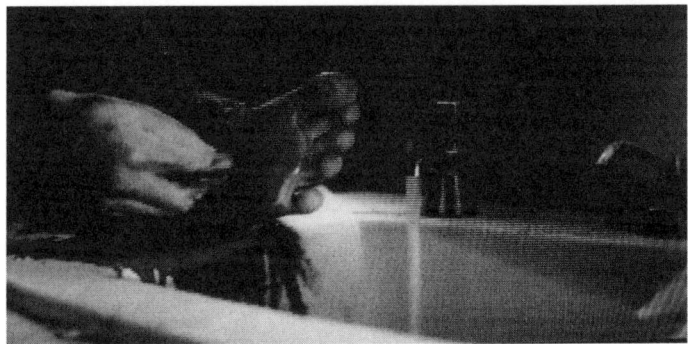

Abb. 22

viele Witze. Wir sehen ihn barfuß, wir sehen ihn mit blutigen Füßen (Abb. 22) und so weiter.

Eine weitere Spielart der Zielorientierung im Film ist, dem
Zuschauer nicht gleich zu sagen, welches genaue Ziel eine Figur hat. Ein Teil des Suspense, der Neugierde des Publikums
am Film, hängt nämlich von der schrittweisen Entdeckung
ihres eigentlichen Ziels ab. Nehmen wir zum Beispiel den
Plan von Hans: Zuerst sieht es so aus, als wolle er Geiseln
nehmen, um seine Kameraden zu befreien, die in Gefängnis-
sen auf der ganzen Welt vor sich hinschmoren. Im weiteren
Verlauf des Films wird klar, daß er das Gebäude ausrauben
will. Aber wie er es ausrauben wird, wie er sein Ziel erreichen will, wird bis zum Höhepunkt des Films nicht aufge-
deckt, sondern erst als McClane entdeckt, daß die Bombe
das Dach wegsprengen und das Gebäude zerstören wird, sobald die Gang sich aus dem Staub gemacht hat. Strukturell
bindet der Hollywood-Film die Aufmerksamkeit des Publikums vielfach durch die langsame Enthüllung des Ziels oder
der Mittel, mit denen das Ziel erreicht werden soll.

Eine dritte Konvention: die *begrenzte Erzählzeit.* Es gibt
Hollywood-Filme, deren Geschichte Jahre verschlingt –
SCHINDLER'S LIST ist ein jüngeres Beispiel oder Filme wie
GONE WITH THE WIND. Aber andere – was viel typischer für
Hollywood ist – spielen in einer sehr kurzen Zeitspanne. Sie
konzentrieren ihre Handlung wie der Klassiker HIGH NOON.
Es sind nur zwei, drei Stunden Handlung, die wir sehen.
Dasselbe gilt für DIE HARD.

Ein Weg, wie der Filmemacher die Aufmerksamkeit des Publikums über diese begrenzte Zeitspanne binden kann, ist
die Technik der *Parallelmontage.* Per Schnitt wird von einer
erzählten Handlung zur anderen gewechselt. Das setzt natürlich einen bestimmten Umgang mit diesen Handlungssträngen voraus. Ihre Entwicklung ist unterschiedlich, ja
gegenläufig. Eine weitere Voraussetzung ist die Gleichzeitigkeit der Handlungen. DIE HARD ist voll von dieser Er-

zähltechnik, die bekanntlich auf D. W. Griffith zurückgeht. Griffith wurde berühmt für seine bahnbrechende Darstellung simultaner Handlung durch die Mittel der Parallelmontage und des alternierenden Schnitts. In BIRTH OF A NATION zum Beispiel reitet, während die Familie in der Hütte belagert wird, der Ku Klux Klan los, um sie zu befreien. Griffith wechselt zwischen der Familie und dem reitenden Klan schneller und schneller, bis dieser Moment der Befreiung erreicht ist. Durch das Gegeneinanderschneiden der Szenen wird die Gleichzeitigkeit der erzählten Handlungen deutlich. DIE HARD baut sehr stark auf dieser Technik auf. Von Anfang an wechseln die Einstellungen durch: die Party und McClane auf dem Flugplatz, (Abb. 23/24) oder was im Gebäude passiert und die Ankunft des Lastwagens, in dem die mutmaßlichen Terroristen sitzen (Abb. 25). Oder als McClane die Cops anfunkt, (Abb. 26) haben wir plötzlich Hans, der McClane über das Funkgerät anspricht (Abb. 27). Das Funkgerät ist ein Mittel, diesen Wechsel herbeizuführen, ist die Verbindung zwischen den Akteuren. Es macht deutlich, daß sie im selben Zeitrahmen handeln. Tatsächlich ist der ganze Film auf Szenenwechsel aufgebaut. Das erzeugt Suspense – Griffith macht das genauso. Aber es schafft außerdem eine Ungleichheit im Wissensstand. Wir wissen oft mehr als die Charaktere. Zum Beispiel, wenn McClane im Gebäude ist, während wir draußen bei der Polizei sind und von deren Plan erfahren, das Gebäude zu stürmen. McClane weiß nichts davon. Also warten wir auf seine Reaktion, wenn er herausfindet, was wir bereits wissen. Dem Publikum umfassenderes Wissen geben zu können, ist ein großer Vorteil der Parallelmontage. Der Zuschauer weiß mehr, als alle Charaktere zusammengenommen. Er weiß zum Beispiel, wer McClane ist, während Hans es nicht weiß. Er weiß, wo sich die Leute im Gebäude befinden, während bestimmte Figuren es voneinander nicht wissen. Das Publikum profitiert hinsichtlich der Handlung von seinem besseren Informationsstand. Ihm gefällt das Gefühl, den Filmfiguren einen Schritt voraus zu sein.

Abb. 23

Abb. 24

Abb. 25

Abb. 26

Abb. 27

Einer der wichtigsten Aspekte der klassischen Tradition und
unabdingbar für die Popularität des Hollywood-Kinos
überall auf der Welt ist neben (1) der Konstruktion des
Filmplots aus zwei Handlungssträngen, (2) der Zielorientierung, (3) der begrenzten Erzählzeit und (4) der Parallelhandlung, (5) das *Primat der visuellen Darstellung*: die Tatsache, daß sich Hollywood sehr früh entschlossen hatte,
seine Geschichten visuell zu erzählen. Hollywoods Filmemacher entschieden, daß Film im wesentlichen ein visuelles
Medium sein sollte und kein vorrangig verbales Medium.
Das Kino sollte seine Geschichten auf eine sehr direkte Art
und Weise durch Bilder erzählen.

Gehen wir in die Zeit des Ersten Weltkriegs zurück, als die europäischen Staaten hauptsächlich damit beschäftigt waren, sich zu bekriegen. In dieser Phase eroberten die Amerikaner die Welt auf ihre Art – mit ihren Filmen. Die Periode zwischen 1914 und 1917/18 markiert den Beginn des generalstabsmäßigen Vertriebs amerikanischer Filme auf der ganzen Welt. Zu dieser Zeit holte man gegenüber den großen, europäischen Filmländern Frankreich, Deutschland und Italien auf. Ein weiterer – nicht ökonomisch und geographisch bedingter, Grund war, daß damals die starke – visuelle Anziehungskraft des Hollywood-Kinos einen Höhepunkt erreicht hatte. Es ist die Periode von Griffith mit Filmen wie BIRTH OF A NATION und vielen anderen, guten Regisseuren. Dynamischer Schnitt, temporeiches Kino, Nah- und Großaufnahmen. Diese ganzen visuellen, wenn auch nicht Entdeckungen, so doch Weiterentwicklungen traten in dieser Phase des Hollywood-Kinos in den Vordergrund. Und man kann fast sagen, das typischste an einem amerikanischen Regisseur ist, daß er menschliche Handlungen und Gedanken in *bewegte* Bilder übersetzt. Nicht einfach nur Bilder, denn das ist charakteristisch für die meisten Regisseure – die Fähigkeit Handlung und Denken in Bilder zu übersetzten –, sondern in bewegte Bilder. Bewegung ist außerordentlich wichtig im amerikanischen Kino, in anderen Ländern dagegen weniger. Die Grundregel, auf die ich hingewiesen habe, lautet, *alles Wichtige visuell auszudrücken.* Wichtige Inhalte können durch Sprache ausgedrückt werden – im Stummfilm mit einem Zwischentitel, im Tonfilm durch den aufgezeichneten Dialog – aber nicht nur. Was wichtig ist, sollte genauso über Bilder vermittelt werden. Das Hollywood-Kino ist visuell sogar stark und eindeutig lesbar, wenn der Film synchronisiert wurde. Darüber kann man streiten: die einen bevorzugen Synchronfassungen, die anderen Fassungen mit Untertiteln. Aber eigentlich spielt das beim Hollywood-Film fast keine Rolle. Ich glaube, daß allein das Visuelle einen großen Teil der Faszination dieses Films ausmacht. Egal wie gut oder schlecht er synchronisiert wurde.

Der *Einsatz von Schauplätzen*, um die Handlung zu verdeutlichen, ist dafür ein gutes Beispiel: die Örtlichkeiten in DIE HARD. Das Hollywood-Kino macht sehr deutlich, wo die Handlung stattfindet, und ist darauf bedacht, den Zuschauer immer wieder daran zu erinnern. Die Lobby der Nakatomi Corporation bekommen wir zunächst in der Einstellung zu sehen, als John McClane das Gebäude betritt (Abb. 28). Wir bekommen die Fahrstühle vorgeführt, die direkt dahinter liegen (Abb. 29). Das ist ganz am Anfang des Films. Später, als die Gang eindringt, passiert dasselbe: Wir bekommen die Lobby zu sehen (Abb. 30) und den Fahrstuhlbereich (Abb. 31). Karl vollzieht quasi Johns Schritte

Abb. 28

Abb. 29

Abb. 30

Abb. 31

nach. Wir kennen bereits die Anordung des Ortes, die Geographie des Erdgeschosses. Unsere Erwartung ist deshalb eher darauf gerichtet, der Handlung selbst zu folgen. John betritt das Gebäude auf völlig andere Weise als Karl. Aber diese Redundanz gewinnt durch den Unterschied, wie John den Ort durchquert und wie Karl und Theo den Ort durchqueren, einen bestimmten Reiz. Das wird später wichtig. Al Powell tut dasselbe: Er kommt vorne herein, geht zum Empfang (Abb. 32) und durch den Korridor, aber er geht nicht zu den Fahrstühlen. Er bleibt kurz davor stehen. Wir wissen, daß der dort postierte Gangster ihn mit Sicherheit

Abb. 32

Abb. 33

töten wird. Dadurch entsteht ein enormer Suspense. Wir müssen nicht fragen, wohin er geht, wir müssen den Fahrstuhl nicht sehen. Wir wissen, daß die Fahrstühle hinten links sind. Wenn Al diesen einen Schritt zuviel macht, wird er sterben. Wir wissen es, weil McTiernan uns sehr sorgfältig das Terrain, die Landschaft des Gebäudes vorgeführt hat. Wir wissen, was Al erwartet, wenn er weitergeht. Diese Information wird nicht durch Dialog dargestellt, sondern nur durch Bilder. Wir verstehen die Anordnung des Gebäudes sehr genau – beispielsweise als John in jener »Wagnerianischen« Einstellung auftaucht, (Abb. 33) wenn auch nicht ganz im selben Stockwerk. Wir brauchen keine ausführliche Einführung. Das Geheimnis der visuellen Darstellung im Hollywood-Film ist die Redundanz, die Wiederholung auf eine Art, wie beispielsweise Wenders oder Herzog sich nicht wiederholen würden. Sie variiert ständig, sie ist jedesmal anders. Der Zuschauer sieht etwas, was er kurz vorher schon gesehen hat, nur diesmal mit einem kleinen, neuen Element. Und genau das fällt ihm auf. Er ignoriert die bekannten Dinge und achtet stattdessen darauf, was neu ist. In dieser Situation betrachtet er die Handlungskonfiguration ganz anders als am Anfang des Films, als John diesen völlig unschuldigen Korridor entlangging.

Eine weitere Möglichkeit, Inhalte visuell darzustellen, sind *Gegenstände:* Hollywood-Filmfiguren interagieren mit Objekten. Das ist eine sehr elementare Lektion, die ebenfalls auf die Zeit zwischen 1910 und 1920 zurückgeht, auf D. W. Griffith und insbesondere auf Leute wie Charlie Chaplin und Buster Keaton, die ganze Filme daraus machten, wie ihre Körper mit den physikalischen Objekten, den Requisiten um sie herum, kommunizierten. Nicht nur mit Schauplätzen und Orten, sondern auch mit den Dingen, die sie berühren konnten.
Nehmen wir zum Beispiel das Feuerzeug. Es ist sehr klar, daß McClane raucht. Das ist kein Geheimnis. Interessant ist, wie der Film von seinem Rauchen profitieren kann. Es läßt ihn wie einen harten Burschen aussehen, nicht wie einen dieser laschen Kalifornier. Dem Zuschauer wird darüber mitgeteilt, daß er einen schweren Job hat, aber auch, daß er zum Rauchen ein Feuerzeug braucht. Im Verlauf des Films kann er das Feuerzeug für die verschiedensten Zwecke benutzen. Wenn er durch den Lüftungsschacht kriechen muß, wird das Feuerzeug für ihn zu einer Taschenlampe (Abb. 34). Das ist eine sehr einfache Idee. Um sich das auszudenken, muß man kein Genie sein. Aber die Integration dieses Objekts in die Handlung auf eine sehr praktische Weise ist charakteristisch für Hollywood-Kino.

Abb. 34

Ein anspruchsvolleres Beispiel: Hollys Rolex. Als Geschäftsfrau ist Holly so erfolgreich, daß die Firma sie mit einer Rolex belohnt. Ellis, für den Status und Geld sehr wichtig sind, drängelt »Zeig sie ihm, zeig ihm die Rolex« und sie sagt »Später«. Sie hat also diese teure Uhr am Handgelenk. Das erfahren wir durch den Dialog, wir sehen es nicht. Später, als Hans Gruber sich an ihrem Handgelenk festhält, hält er sich an ihrer Rolex fest. Damit Hans das Handgelenk losläßt, muß John das Rolex-Armband öffnen, er muß die Uhr abnehmen (Abb. 35). Es ist zwar vorstellbar, daß Hans sich einfach an ihrem Handgelenk festhält und John solange dar-

Abb. 35

auf einschlägt, bis er endlich voller Schmerz losläßt und fällt. Aber das Hollywood-Kino braucht die Rolex. Die Rolex als Extra-Objekt verkompliziert die Handlung und verleiht ihr ein wenig zusätzliche Raffinesse. Natürlich hat sie auch eine symbolische Bedeutung. Sobald Holly die Rolex verliert, ist sie nicht mehr *Geschäfts*frau, die sie war. Die Belohnung spielt keine Rolle mehr. John rettet sie, und sie muß ihre Karriere hinter sich lassen. Das heißt, über die symbolischen, thematischen Implikationen hinaus ist die Rolex ein nettes, kleines Objekt, das auf verschiedenste Weise im Verlauf des Films benutzt wird. Zunächst als Statussymbol, später als etwas, das über Leben und Tod entscheidet.

Mein Lieblingsbeispiel für die Interaktion mit Objekten ist etwas sehr Traditionelles und wird in Die Hard sehr geschickt eingesetzt: das *Familienphoto*. Hollywood-Filme sind voll von Photographien. Hollywoods Charaktere lieben Photos. Wenn man verliebt ist, sieht man sich ein Photo an und preßt es an die Brust. Wenn man sich haßt, zerreißt man das Photo und wirft es zu Boden. Es kann auch etwas anderes als ein Photo sein, ein Bild oder eine Zeichnung. Ausschlaggebend ist, daß so etwas sehr bildhaft, sehr kommunikativ ist. Man muß nicht Englisch sprechen, um zu verstehen, was hier passiert. Man sieht, daß es ein gewöhnliches Familienporträt ist (Abb. 36). Das ist universell.

Abb. 36

Wenn Holly die Photographie umklappt (Abb. 37), drückt sie visuell ihre Haltung ihrem Ehemann gegenüber aus. Sie sagt nicht »Ich glaube, mein Ehemann ist ein Penner . . . weil er an Weihnachten hier bei unseren Kindern sein sollte . . . er hat mich nicht informiert, ob er kommt. Wir wissen nicht, ob er kommt«. Nichts davon wird explizit gesagt. Die visuelle Geste drückt ihren Ärger, ihre Ungeduld über ihn unmittelbar aus. Aber es geht noch weiter. Durch die Einführung der Photographie kann der Zuschauer die Verbindung zu einem zweiten Abzug des Bildes herstellen (Abb. 38): Als John in Hollys Bad aufräumt, erinnert er sich an seine Fami-

Abb. 37

Abb. 38

lie. Er steht kurz davor, seine Haltung zu ändern. Er realisiert, daß die Familie das Wichtigste ist. Er ist soweit, um
Verzeihung zu bitten und zu sagen »Es tut mir leid, ich habe
mich wie ein Idiot benommen«. Seine veränderte Haltung
wird jedoch nicht ausgedrückt, indem er spricht, sondern
dadurch, daß er die gleiche Photographie betrachtet. Später
versucht Holly den Eindruck zu erwecken, sie habe nichts
mit John zu tun. Sie wird »Miss Gennaro« sagen. Sie will
nicht, daß Hans die Photographie genauer betrachtet, also
stellt sie sicher, daß er sie als »Miss Gennaro« kennenlernt.
Als Hans entdeckt, daß McClane und Holly verheiratet sind, geschieht das ebenfalls durch die Photographie
(Abb. 39). Die Photographie zieht sich durch die gesamte

Abb. 39

Handlung und hat dabei jedesmal eine völlig andere Funktion: Hollys Ärger zu zeigen, Johns wiedererwachte familiäre
Gefühle auszudrücken und an verschiedenen Punkten als
Objekt, das Suspense erzeugt: Holly, die auf das Photo
blickt und denkt »Dreh bloß das Photo nicht um, denn dann
weißt du, daß ich verheiratet bin«; beziehungsweise als
Hans, wie gesagt, dann doch ihre Ehe entdeckt. Diese Hol-
lywood-Konvention wird genial eingesetzt, jedesmal ein
wenig anders.
Visuelle Darstellung spielt auch bei der *Charakterisierung
einer Filmfigur* eine Rolle. Im Hollywood-Kino werden

persönliche Eigenschaften durch Bilder veranschaulicht. Nicht nur die Handlungen, sondern die verschiedensten Kleinigkeiten, die zur Beschreibung der Person erfunden wurden, erfahren wir weniger durch Sprache denn durch körperliche Bewegung. Eine meiner Lieblingsstellen im Film (Abb. 40): Was würden Sie tun, wenn sie das Glück hätten, hinter der Bonbontheke zu stehen und niemand könnte sie aufhalten? Diese kleine Andeutung macht den Dieb etwas menschlicher. Diese fast komödiantische Sequenz beschreibt eine Facette seines Wesens. Genau dieser Kunstgriff ist an sich sehr konventionell, da können wir ins Jahr 1917 zurückgehen.

Abb. 40

In John Fords frühem Meisterwerk STRAIGHT SHOOTING finden wir einen Mexikaner, ebenfalls ein Verbrecher, in einem belagerten Haus und was macht er? Er öffnet ein Glas Gelee und probiert davon. Auf die gleiche Art und Weise gibt diese kleine Geste der – nicht besonders wichtigen – Filmfigur Persönlichkeit.

Oder zum Beispiel Johns Koketterie. Er riskiert gern ein Auge. Zu Beginn des Films wird er dargestellt, als würde er Holly verlassen wollen. Nahezu jede Frau starrt er an oder dreht sich nach ihr um. Dazu braucht es keine Worte. Er sagt nicht im Auto zu Argyle so etwas wie »Meine Frau ist nicht attraktiv, ich sollte mir eine andere suchen«. Es wird

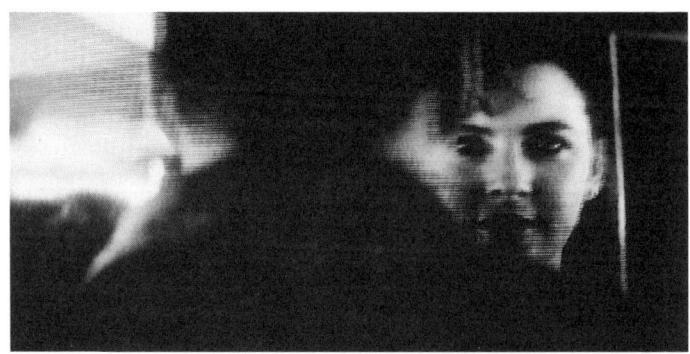

Abb. 41

Abb. 42

visuell ausgedrückt in seinem Blick, wie er die Stewardess anschaut (Abb. 41), oder in dieser recht beeindruckenden Einstellung, als so eine Art kalifornischer Traum auftaucht mit Wasserfällen, Sonnenuntergang und allem drumherum (Abb. 42).

Ich habe den nächsten Punkt bereits gestreift, aber es lohnt sich, explizit darauf einzugehen. Was wir hier vorfinden, ist die Fähigkeit der Filmemacher in Hollywood, Gedankengänge zu visualisieren, dem Publikum klar zu machen, was die Figuren in einem bestimmten Moment denken, ohne Sprache zu benutzen. Ich will Ihnen ein Beispiel geben. Auch das geht wieder auf Griffith zurück.

In THE BATTLE OF ELDERBUSH GULCH schaut Mae Marsh aus dem Fenster, sieht ein Baby unter den besiegten Siedlern und muß es retten. Wir verstehen sofort, daß sie es tun muß. Wir brauchen keine weitere Erklärung. Dieses Grundprinzip funktioniert seit Griffith: Die Person, die etwas anschaut, und das, was diese Person sieht, werden hintereinandergeschnitten. Der Zuschauer versteht sofort, was die Figur denkt. Wenn Holly sich zu Hans umdreht (Abb. 43), blickt sie auf das umgeklappte Photo (Abb. 44), und wir verstehen sofort ihre Angst, daß er es bemerken könnte. Es gibt einen Moment, wo es scheint, als würde Hans das Bild betrachten, weil er den Kopf ein wenig dreht (Abb. 45). Aber wir wissen, daß er gar nicht daran denkt. Dann dreht er nochmals seinen Kopf und beginnt über etwas anderes zu reden. Das wurde alles durch die Schnittfolge vermittelt: von einer Figur, die auf einen Gegenstand blickt, über ein völlig unbewegliches Objekt hin zu einer weiteren Figur, die in eine andere Richtung sieht. Aber wir wissen, was sie denken, in jedem Augenblick. Noch ein deutliches Beispiel. Hier ist ein bißchen Sprache notwendig, die Namen, aber nicht viel. Als McClane in die Lobby kommt, stellt er fest, daß seine Frau ihren Mädchennamen wieder angenommen hat und das ärgert ihn. Diese kleine Information wird wieder visuell gegeben. Es ist nicht so, daß er zu Holly hinaufginge und fragen würde »Holly, wie nennst du dich jetzt?« und sie würde sagen »Oh, Holly Gennaro und nicht mehr Holly McClane«. Es wird überhaupt nicht über den Dialog dargestellt. Er entdeckt es visuell (Abb. 46). Und nur für den Fall, daß wir es verpaßt haben, sehen wir es nochmal, als er in ihr Büro kommt: »Holly M. Gennaro«, nicht »McClane«, steht dort (Abb. 47).

Abb. 43

Abb. 44

Abb. 45

184

Abb. 46

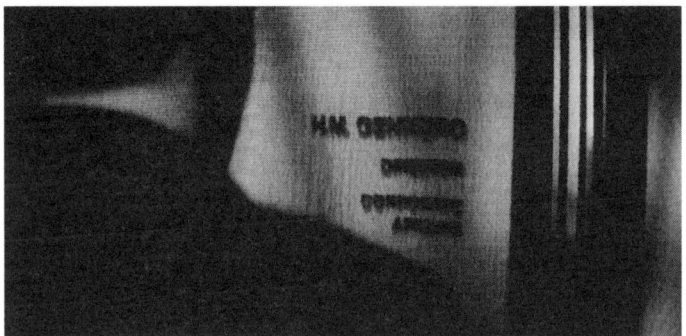

Abb. 47

Am interessantesten finde ich die folgende Visualisierung eines Gedankengangs: Hans weiß bereits, daß McClane keine Schuhe anhat und ruft Karl zu, er solle auf die Glasscheiben schießen. Uns ist klar, daß er das tut, weil er weiß, daß die Glassplitter McClanes Füße verletzten werden und er nicht weglaufen kann. Hans hat zerbrochenes Glas gesehen (Abb. 48) und das hat ihn auf die Idee gebracht, in die Fenster zu schießen. Die blutigen Glasscherben (Abb. 49). McClane, auf den geschossen worden ist, blickt nach links (Abb. 50) auf das Exit-Schild, dann fährt die Kamera schnell nach unten auf das zerbrochene Glas (Abb. 51), dann der Schnitt zurück zu McClane, der nach unten auf seine Füße

Abb. 48

Abb. 49

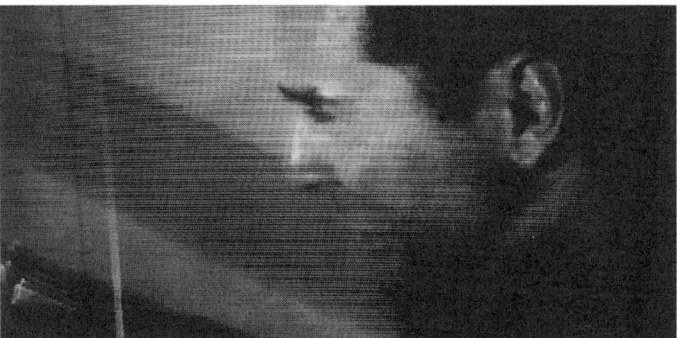

Abb. 50

186

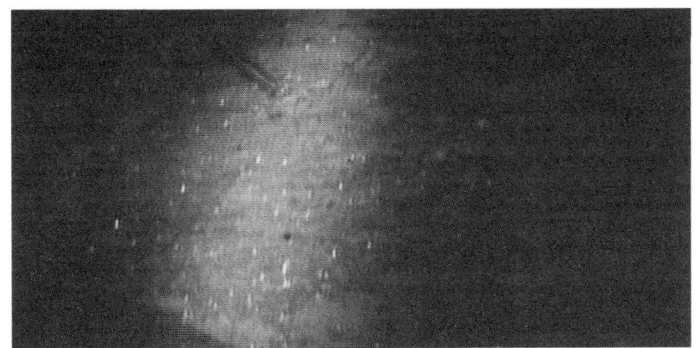

Abb. 51

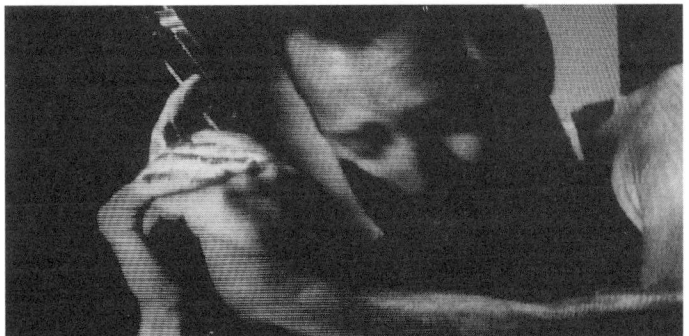

Abb. 52

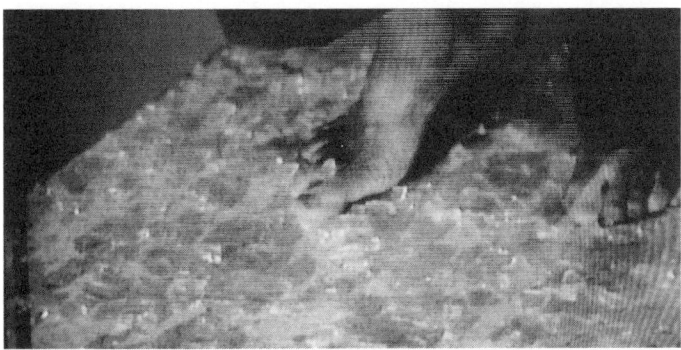

Abb. 53

sieht (Abb. 52/53). In diesem Moment ist es wie ein Bilder-
rätsel oder ein Puzzle. Glas, Exit, Füße. Wie man diese Dinge verbindet, werden wir später sehen. Der Gedankengang
jedoch wird durch die Bilder völlig klar.

Die Betonung des Visuellen kommt auch darin zum Tragen,
wie der Regisseur den Platz auf der Leinwand – die Bildflä-
che, die *Kadrierung* – ausnutzt, um die Aufmerksamkeit des
Publikums auf bestimmte Teile des Bildes zu lenken, zu
konzentrieren. Kino im Hollywood-System könnte man als
eine Art Augentraining bezeichnen. Der Blick des Publikums wird in bestimmten, präzisen Momenten auf unterschiedliche Punkte auf der Leinwand gelenkt. Manchmal
wird das durch Bewegung in der Einstellung bewerkstelligt,
wie der fallende Stuhl (Abb. 54), oder wie in der folgenden
Szene: McClane, links im Bild, ruft Al (Abb. 55) und rechts
kommt das Maschinengewehr ins Bild (Abb. 56). In der
Einstellung ist Platz für das Maschinengewehr reserviert.
Das ist sehr geschickt gemacht. Da ist das Maschinengewehr
(Abb. 57).
Noch ein sehr interessantes Beispiel, wie McTiernan zu in-
szenieren vermag: Hans findet Karls Bruder im Vordergrund. Der Bruder befindet sich außerhalb des Schärfe-
bereichs, also ist es weniger wahrscheinlich, daß sich die

Abb. 54

Abb. 55

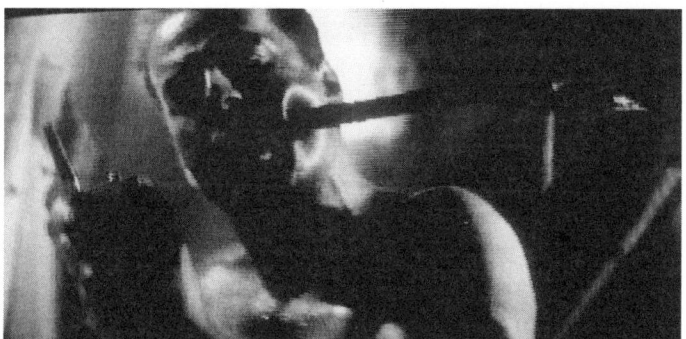

Abb. 56

Abb. 57

Abb. 58

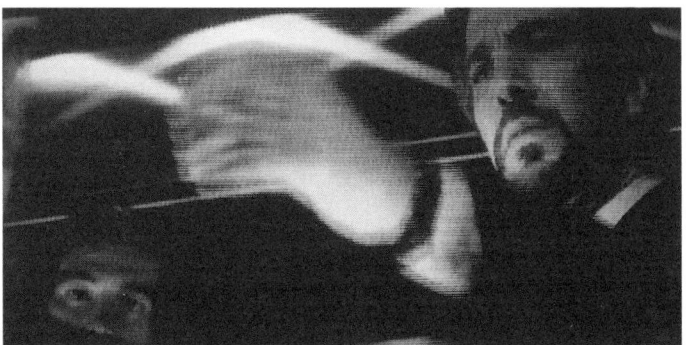

Abb. 59

Aufmerksamkeit auf ihn richtet. Wir nehmen Hans' Reaktion wahr. Aber im Verlauf der Einstellung hebt Hans mit einer kleinen Geste die Hand (Abb. 58/59) und bewegt den
Kopf des toten Bruders, jetzt können wir den Terroristen im
Hintergrund sehen. Er war durch den Kopf verdeckt. Jetzt
sehen wir plötzlich, wenn er spricht. Die Bewegung in der
Einstellung, die vom Regisseur kontrolliert wird, läßt unser
Auge in einem ferngesteuerten Rhythmus über die Leinwand gleiten. Hier aktiviert der Revolver am Bildrand einen
bestimmten Ausschnitt (Abb. 60). Hans – in der Mitte des
Bildes – bewegt sich rückwärts, er will an den Revolver ge-

Abb. 60

langen, McClane steht in der Entfernung. Das ist eine übli-
che Hollywood-Komposition. Ich will es an einer Einstellung eines deutschen Regisseurs, der nach Hollywood ging
– Douglas Sirk – verdeutlichen, der in TARNISHED ANGELS,
wo der Raum nicht in der Tiefe unterteilt ist, das gleiche tat.
Wir sehen eine Person links außen und eine rechts außen im
Dialog. Unser Auge springt über die Leinwand. Unser Blick
tastet die Leinwand geradezu ab. Dann das Prinzip Schuß-
Gegenschuß in PHILADELPHIA STORY. Eine Technik, die in der
Tat dem Auge viel zu arbeiten gibt. Auf der rechten Seite außen sehen wir Cary Grant. Wir beobachten ihn, wenn er
spricht. Beim Schnitt auf Katherine Hepburn sehen wir
dann zur Mitte des Bildes. Auch Fords STRAIGHT SHOOTING
von 1917 arbeitet mit dem Bildrand. Wir sehen eine Person
von extrem rechts ins Bild kommen und eine andere Person
nähert sich ihr von links außen. Diese Raumaufteilung wurde seitdem sehr häufig benutzt. In DIE HARD passiert dasselbe. Eine wichtige Person steht am extrem rechten Rand, darauf folgt der Schnitt zu einer anderen Person auf der linken
Seite (Abb. 61/62). McTiernan hätte beide genau in der Mitte filmen können. Aber so geht der Film viel dynamischer
mit dem Bildformat um. Hans Gruber spricht vom rechten
Bildrand aus mit John. John antwortet ihm vom linken
Rand (Abb. 63/64). So springen die Augen ständig hin und
her.

Abb. 61

Abb. 62

Abb. 63

192

Abb. 64

McTiernan hat das nicht erfunden. Ein extremes Beispiel dafür ist das Ende von THE GODFATHER, als sich die Tür vor Kay schließt und ihr Gesicht von links verdeckt. In DIE HARD gibt es eine sehr subtile Szene, in der Holly und ihre Assistentin Karls Reaktion beobachten, der John nicht erwischt hat. Sie sind geradezu an den rechten Bildrand gedrückt. Tatsächlich steht die Assistentin schon fast außerhalb des Bildes, in die untere Ecke der Einstellung geklemmt (Abb. 65). Karl zerschlägt links im Bild verschiedene Sachen (Abb. 66), also springt das Auge wieder. Allen, die glauben, das wäre ganz einfach, kann ich nur sagen: Es ist äußerst ge-

Abb. 65

Abb. 66

schickt gemacht. In GUN CRAZY, einem Film von Joseph H. Lewis, werden die Charaktere durch ihren Dialog verschiedenen Bildebenen zugeordnet. In solchen Einstellungen schauen wir auf die Person, die spricht. Dasselbe gilt in Orson Welles' CITIZEN KANE. Bei großer Schärfentiefe schauen wir in der Regel dorthin, wo jemand spricht.

Doch McTiernan macht etwas noch Geschickteres. Er arbeitet mit *begrenzter Schärfentiefe*, um unsere Aufmerksamkeit zu kontrollieren. Zum Beispiel in der Einstellung im Fernsehstudio: Harvey ist wütend auf den Reporter, der seine Nachrichtensendung unterbrochen hat. Man kann den Reporter auf der linken Seite zwar sehen, aber er ist außerhalb der Schärfezone. Die Kamera ist auf Harvey scharfgestellt (Abb. 67). Als der Reporter sich umdreht, verlagert McTiernan den Schärfebereich in den Vordergrund auf ihn (Abb. 68). Harvey ist jetzt unscharf im Hintergrund, er ist nicht mehr wichtig. In der linken Bildseite steht eine weitere Person, ebenfalls unscharf. Der Reporter erhält die Erlaubnis, den Wagen zu nehmen, und verläßt die Einstellung. Wieder verschiebt McTiernan die Schärfezone, diesmal auf diese weitere Person, und lenkt die Aufmerksamkeit auf deren Reaktion (Abb. 69). Das alles passiert in einer Einstellung. Kein Schnitt, nicht einmal viel Kamerabewegung. Alles wird durch Scharfstellen unterschiedlicher Bildräume bewerkstelligt.

Abb. 67

Abb. 68

Abb. 69

Ein sehr viel auffälligeres Beispiel findet sich, als Hans Gruber zwischen den Geiseln herumgeht und Takagi sucht. Hans ist effektiv die einzige scharf abgebildete Person. Takagi im Hintergrund ist unscharf, Karl ebenfalls. Die vielen Gesichter scheinen im Raum zu verschwimmen (Abb. 70). Er geht zu einem Mann im Vordergrund, die Kamera fokussiert ihn. Karl ist immer noch dort, wo er war, aber jetzt können wir links außen Holly sehen, unsere Aufmerksamkeit richtet sich zunächst nicht auf sie, sondern erst später (Abb. 71). McTiernan bereitet das Bild so für uns auf, daß wir bestimmte Dinge nur in bestimmten Momenten wahrnehmen. Der Mann im Vordergrund und Hans befinden sich in der Schärfezone. Hans verdeckt Takagi, er steht vor ihm. Wenn wir dann das Wort »Genug« hören, dreht Hans sich um und gibt den Blick auf Takagi frei. Gleichzeitig fährt McTiernan mit der Schärfe auf ihn. Nun steht Takagi im Brennpunkt, Karl ist ebenfalls klarer zu sehen, und Hans ist unscharf (Abb. 72/73). Von rechts kommt Karl ins Bild, stößt Takagi aus der Einstellung, und McTiernans Kamera verweilt auf Holly, die beobachtet, was im Rücken von Hans Gruber passiert (Abb. 74/75). Die Augen des Publikums werden durch ein sehr sorgfältiges Spiel mit begrenzter Schärfe und den Bewegungen der Figuren in der Einstellung dirigiert. Indem McTiernan Bildelemente aus der Schärfezone nimmt oder unsere Sicht durch Personen verdeckt, weiß er stets ganz genau, worauf unser Blick gerichtet sein wird. Es ist eine Art Tanz, eine Choreographie. Auch der ungarische Regisseur Miklós Jancsó tut das in seinen Filmen und wird dafür hochgelobt. Aber Hollywood-Regisseure machen das dauernd. Sie tun es aus erzähltechnischen Beweggründen, die sich mehr oder weniger von Jancsós Absichten unterscheiden. Doch um die Aufmerksamkeit des Publikums sehr subtil und visuell zu führen, werden hier dieselben Prinzipien angewendet.

Abb. 70

Abb. 71

Abb. 72

197

Abb. 73

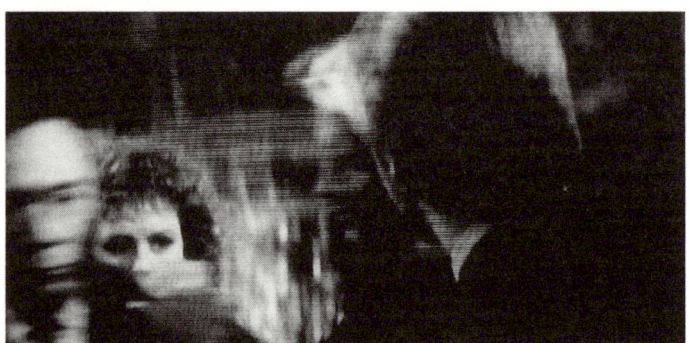

Abb. 74

Abb.75

198

Ich will noch auf einen letzten Aspekt in der Tradition des Hollywood-Kinos eingehen: auf die *Auflösung*, das Ende. Das europäische Kino – so die verbreitete Vorstellung – beschäftigt sich eher mit Charakteren als mit Handlung. Seit De Sicas LADRI DI BICICLETTE (FAHRRADDIEBE, Italien 1948) wird das offene Ende für eine der wichtigsten Innovationen in der Tradition des europäischen Kinos gehalten. Die Handlung eben nicht aufzulösen, Handlungselemente offen zu lassen. Ich finde auch, daß diese Form wichtig und ästhetisch gesehen sehr viel Aussagekraft hat. Aber nicht weniger wichtig und faszinierend ist die Art und Weise, wie Hollywood mit dem Filmende umgeht: Die Handlung wird aufgelöst, die Charaktere erhalten ihre Sicherheit – ihre Stabilität – zurück, indem ihre Probleme gelöst werden und sie ihr Ziel erreichen. Am Ende von DIE HARD haben wir die dreifache Umarmung (Abb. 76) und eine prototypische Schlußeinstellung des Hollywood-Kinos: ein Auto oder ein Paar, das sich von der Kamera wegbewegt und die Kamera fährt nach oben, als ob sie die Welt dieser Handlung verlassen wolle (Abb. 77). Alles ist wieder in Ordnung gebracht worden. Die Geschichte ist vorbei und wir ziehen uns gleichermaßen zurück. Die Figuren gehen Richtung Hintergrund. Auch das ist geschickt und ästhetisch effektiv. Es ist über Kulturen und Zeiten hinweg überall auf der Welt zu verstehen.

Abb. 76

Ich fasse zusammen: Wir achten in der Kunst eher auf das Neue, auf radikale Innovationen als auf Tradition. Wir neigen dazu, die Geschichte der meisten Künste als eine Serie von Fortschritten oder Durchbrüchen zu beschreiben. Aber dadurch vergessen wir, daß hinter jedem Avantgarde-Experiment, hinter jeder neuen Entdeckung, eine Norm wirksam ist. Und vielfach hat diese Norm durch ihre Stabilität großen Einfluß. Für jeden Van Gogh stehen viele, viele traditionelle Genremaler im 19. Jahrhundert. Für Salvadore Dalís »Vorahnung des Spanischen Bürgerkrieges mit gekochten Bohnen garniert« stehen wesentlich mehr Bilder wie »Collective Farm Holidays« und andere Traditionalisten. Für jeden David Lynch stehen viele andere Filme, die den Hintergrund bereitet haben, vor dem wir Lynchs Innovation wahrnehmen.

Egal, ob man es Formel oder Tradition nennt. Aber das klassische Kino bleibt ein zentraler Ausgangspunkt für die Entwicklung anderer Traditionen. Für das Durchschnittspublikum – nicht für jene Zuschauer, die zur Universität oder ins Kunstkino gehen – ist diese Formel der Hauptgrund, ins Kino zu gehen. Wenn man sich nur auf die ungewöhnlichen, innovativen Filme konzentriert, vergißt man schnell das traditionelle Mainstream-Kino. Dabei übersieht man auch, daß der Mainstream-Film innerhalb seiner eigenen ästhetischen Vorgaben ebenso vollkommen und sogar schön sein kann. Ich bin der Meinung, zusammen mit vielen anderen, gängigen Hollywood-Filmen gebührt DIE HARD dieses Verdienst.*

Übersetzung: Holly Golightly and Friends

---

* Anmerkung des Herausgebers: Der hier abgedruckte Vortrag wurde auf Grundlage weniger Stichwörter, also ohne vorliegendes Manuskript, gehalten. Die Übersetzung nach Tonbandprotokoll versucht die Eigentümlichkeiten einer freien Rede nicht zu verleugnen.
Aus Platzgründen konnten nur Abbildungen aus DIE HARD reproduziert werden.

Abb. 77: Schlußeinstellung von DIE HARD

Jack Lang: Perspektiven des europäischen Kinos und die Lichtblicke der LIEBENDEN VON PONT-NEUF

Vortrag und anschließendes Gespräch am 27. 2. 1994 im ARRI-Kino, München

Jack Lang im ARRI-Kino

Monsieur le Maire, Monsieur le Directeur, Mesdames, Messieurs, Monsieur le Consul Géneral, meine Damen und Herren! Verzeihen Sie mir, wenn ich zunächst einige Worte auf deutsch spreche. Ich werde dann auf französisch fortfahren, um Ihre Ohren zu schonen. Der Film und die Filmkultur sind das weder bescheidene noch einfache Thema, über das wir heute sprechen werden. Und seine Aspekte sind so vielfältig wie die Brauereien und Bierkeller in München. Verzeihen Sie mir also, wenn wir dieses Thema hier kaum erschöpfend behandeln können.

Es ehrt mich, daß Sie mich hier sprechen lassen, wo ich doch von Ihnen, den Deutschen, so viel in kultureller Hinsicht gelernt habe. Bevor ich 1981 Kulturminister wurde, arbeitete ich an Universitäten und reiste viel durch Europa, vor allem nach Deutschland kam ich sehr oft. Anfang der 70er Jahre kamen in Frankreich die Konservativen an die Macht und maßen der Kultur nur geringe Bedeutung bei. Damals zitierte ich häufig Deutschland als Beispiel: die deutschen Orchester, die deutschen Bibliotheken, auch Theater und Film. Mein Traum war eben, daß unser Land sich eines Tages von Ihnen inspirieren lassen könnte. Als ich Minister wurde, habe ich versucht, Ihre Filmförderung, Ihren Umgang mit den Autorenrechten und auch das Phänomen der Preisbindung für Bücher mir zum Vorbild zu nehmen. Dabei kann man diese deutschen Beispiele sicher nicht einfach auf Frankreich übertragen.

Um genauer zu werden, ziehe ich es vor, von hier an in französischer Sprache weiterzusprechen, da sie doch weniger gefährlich für mich ist.

Doch heute ist für mich nicht die Sprache das größte Hindernis, sondern die Stimme. Gestern um die Mittagszeit blieb sie mir plötzlich weg und ich bekam gleichzeitig hohes Fieber. Ich muß offen zugeben, daß ich im Bett geblieben wäre, hätte ich nicht den heutigen Termin in München schon zugesagt. Mit ärztlicher Hilfe und Cortison habe ich das, was einer Stimme ähnelt, wiedergefunden. Ich hoffe, daß mich mein Organ nicht auf halbem Weg im Stich läßt.

Meine Damen und Herren, es ist mir wirklich eine große Freude in einer Stadt von großer Bedeutung für die Geschichte Europas und der Welt zu sein, die natürlich auch bedeutend für die Geschichte des Kinos ist. Übrigens feiern Sie ja den 75. Geburtstag dessen, was später die Bavaria-Studios wurden. Der Mann, der nachher unsere Gesprächsrunde leiten wird, Volker Schlöndorff, ist ein Filmemacher, der internationale Anerkennung fand durch sein Talent und seine Weitsicht. Heute ist er an der Spitze des Wiederaufbaus der Studios von Babelsberg. Mich ganz persönlich macht es sehr glücklich, daß diese Studios infolge des Zusammenschlusses einer französischen und einer deutschen Gesellschaft gerettet werden können. Für die Erinnerung an das Kino, für seine Geschichte wäre es tatsächlich ein großer Fehler gewesen, das untergehen zu lassen, was die Wiege des deutschen Kinos war. Hier sind die Filme von Fritz Lang, von Lubitsch, von Murnau und anderen entstanden. Ich hoffe, daß es unserem Freund Schlöndorff gelingen wird, diese Medienstadt zu realisieren. Doch bedeutet das harte Arbeit!

Zu Ihnen über das Kino zu sprechen, in einem Land, das ein großes Filmland war, ist nicht einfach. Denkt man hierzulande ans Kino, denkt man natürlich an Schlöndorff, an Fritz Lang, an Fassbinder, an Murnau und an viele andere. Ich belasse es bei diesen, weil ich aus Nachlässigkeit, aus Ungeschicklichkeit große Namen, große deutsche Künstler vergessen könnte, denen die Geschichte des internationalen Kinos verpflichtet ist.

Ein paar Gedanken . . . Da noch als Programmpunkte sowohl Leos Carax' Film LES AMANTS DU PONT-NEUF als auch eine Diskussion mit Volker Schlöndorff und Ihrer Beteiligung vorgesehen sind, werde ich nicht länger als eine halbe Stunde reden.

Ich teile meinen kleinen Vortrag am besten in zwei Teile ein: den Franzosen gefallen gut strukturierte Darstellungen. Sie lernen es so . . . Ich bin eigentlich Professor für Jura und für eine *Agrégation* muß man fähig sein, einen Vortrag in zwei Teile zu gliedern. In zwei ganz elementare Teile: zunächst die Tatsachen. Das wäre in unserem Fall der Rückgang der Filmbranche. Zweitens: Was können wir dagegen tun?

Würde man Ihnen eine Landkarte des weltweiten Filmschaffens vorlegen, zum Beispiel aus der Zeit, in der Fritz Lang und Murnau auf dem Höhepunkt ihres Schaffens angelangt waren, eine Karte aus den 30er Jahren also, und dann eine Karte von heute, so wäre man äußerst erstaunt. Man wäre beeindruckt von der Feststellung, daß die Geographie des Kinos von Tag zu Tag, von Jahr zu Jahr immer begrenzter wurde. Die Karte von heute würde jenen Karten gleichen, die in Geschichtsbüchern abgedruckt sind, wo dargestellt wird, wie Armeen den Rückzug antreten, wenn ein Land dabei ist, einen Krieg zu verlieren und die Soldaten zurückweichen. Weltweit ähnelt das Kino heute einer friedlichen, in die Flucht geschlagenen Armee.

Dazu einige konkrete Beispiele: zunächst die *Produktion*. Die Zahlen, auf die ich mich beziehe, sind von 1992. Vergleicht man, global gesehen, die zwölf Länder der Europäischen Gemeinschaft und die Vereinigten Staaten, scheint die Situation nicht katastrophal zu sein. 500 Filme in den zwölf Ländern Europas, ungefähr genausoviel wie in den USA. Man muß sich aber genauer anschauen, was hinter diesen Zahlen steckt. Hinsichtlich der Zahl der produzierten Filme kennen zwei Länder einen extrem starken Rückgang: Italien und Spanien. Und Italien war – wie Sie wissen – vor 25 Jahren *das* große Filmland Europas. Es war die Zeit von Fellini, Comencini, Visconti, Risi und anderen. In den 70er Jahren wurden in Italien ca. 250 Spielfilme pro Jahr produziert. Das entspricht der Hälfte der europäischen Produktion von heute. Diese führende Rolle hat Italien verloren. Italien hat heute Probleme, überhaupt noch hundert Filme pro Jahr zu produzieren. Unter diesen hundert Produktionen sind sehr viele mittelmäßig und nur einige wenige ausgezeichnet. Auch Spanien kennt dieses Phänomen des Rückgangs. In England und Deutschland ist die Zahl der produzierten Filme ebenfalls zurückgegangen, und eine Produktion von ungefähr 70 Filmen aufrechtzuerhalten, fällt in manchen Jahren schwer, obwohl England in den letzten 15 Jahren hervorragende Talente wie Peter Greenaway, Stephen Frears und einige andere hervorbrachte.[*]

Deutschland erlebte in den 70er und 80er Jahren eine außergewöhnlich fruchtbare Zeit mit vielen Talenten, die Sie kennen: Ich werde keine Namen nennen, aus Angst diejenigen zu beleidigen, die ich aus Unachtsamkeit vergessen könnte. Dem Land, dessen Repräsentant ich bin, ist es gelungen, trotz eines Rückgangs, ein relativ hohes Produktionsniveau aufrechtzuerhalten. 150 bis 160 Filme werden pro Jahr produziert.**

Man könnte einwenden, daß ich lediglich von Zahlen spreche, Talent, Phantasie, Qualität und Erfindungsgabe aber außer Acht lasse. Das stimmt natürlich. Ein Produktionssystem bringt nicht zwangsläufig Talente hervor. Es gibt jedoch eine Bedingung, will man eine Chance haben, bessere Filme zu produzieren: Man muß das Risiko eingehen, auch schlechte Filme zu produzieren.

Meine Damen und Herren, betrachten wir die amerikanischen Zahlen: 435 bis 450 Filme pro Jahr – das ist viel. Wieviele von den 450 Filmen, die Sie hier zu sehen bekommen, sind tatsächlich erfolgreich? Vermutlich weniger als hundert. Unter diesen 450 gibt es also auch schlechte Filme. Eine bestimmte Anzahl von Filmen ist zwar gelungen, wird aber nicht vertrieben, weil die Filme nicht genug Geld einspielen. Deshalb sollte die Anzahl der insgesamt produzierten Filme eine bestimmte Schwelle nicht unterschreiten. Aber wo ist diese Schwelle? Ich habe keine Ahnung: vielleicht 70 oder 80 pro Land?

Das zweite Indiz für den Rückgang des Filmgeschäfts: die *Besucherzahlen.* In den Kinos der zwölf europäischen Länder wurden 1992 ungefähr 550 Millionen Zuschauer gezählt – die osteuropäischen Länder sind dabei nicht berücksichtigt, ich werde später hierauf zurückkommen. Im selben

---

* *Alle folgenden Anmerkungen stammen vom Herausgeber.* Die Zahlen sollen für diesen Band aktualisiert werden. Im Jahre 1993 wurden in Großbritannien und Deutschland je 67 Spielfilme gedreht. 1994 fiel deren Zahl in Deutschland auf 57, sie stieg in Großbritannien dagegen auf 78. An Koproduktionen wurden in Deutschland 1993 noch 17 verzeichnet, 1994 nur noch 11, während deren Zahl in Großbritannien von 29 im Jahr 1993 auf 32 im Jahr 1994 stieg. (Quelle: *Filmecho/Filmwoche* Nr. 12/24. 3. 1995)

** Im Jahr 1993 lag die Zahl französicher Produktionen noch bei 152, 1994 bei 115; die Koproduktionen gingen im selben Zeitraum von 85 auf 54 zurück. (Quelle: ebd.)

Zeitraum wurden in den Vereinigten Staaten fast eine Milliarde, nämlich 980 Millionen Zuschauer gezählt, obwohl Europa mehr Einwohner zählt als die USA. Durchschnittlich geht ein Amerikaner mindestens viermal pro Jahr ins Kino, ein Europäer dagegen durchschnittlich nur 1,7 mal. Um Ihnen eine Vorstellung davon zu vermitteln, wie groß der Rückgang in den europäischen Ländern war: Die Gesamtzahl für Europa – 550 Millionen – entspricht der Zahl der in Italien registrierten Eintritte im Jahr 1975.

Es gibt ein drittes Indiz: die *Zahl der Spielstellen*. Italien mußte in 20 Jahren 6.000 Spielstellen aufgeben. In Spanien ist die Zahl der Kinosäale von 8.300 auf 1.800 zurückgegangen. Man kann festhalten, daß diese Entwicklung, die zur Schließung großer Kinosäle führte, bestimmte Länder besser aufhalten konnten als andere. Dabei denke ich an Frankreich, aber auch an Deutschland.[*] Außerdem ist Spielstelle nicht gleich Spielstelle. Es gab die Mode oder auch Manie, in Kinozentren kleine Säle mit kleinen Leinwänden zu installieren usw., doch glücklicherweise gibt es die Rückkehr zur Großleinwand, zur wirklichen Magie des Kinos.

Viertes und letztes wirtschaftliches Indiz: der *wachsende Anteil des amerikanischen Films auf dem europäischen Markt*. Das ist gleichzeitig das schwerwiegendste Indiz. Es sieht so aus, als könnten sich die Europäer mittels des Mediums Kino nicht mehr verständigen, als sei die wirkliche Verbindung zwischen den Bewohnern Europas das amerikanische Kino. Überall hat der Anteil der nationalen Produktion stark abgenommen. Ich muß leider sagen – liebe deutsche Freunde –, daß Ihr Land alle Rekorde schlägt. Und wenn man, wie ich, das deutsche Kino leidenschaftlich liebt, tut es weh zu erfahren, daß sich der Anteil der deutschen Filme in Deutschland um sieben Prozent bewegt. Ich gehe davon aus, daß diese Zahlen wirklich aktuell sind, Wim Wenders nann-

---

[*] Die Anzahl der Filmtheater in Frankreich betrug 1994 noch 4.397, in Deutschland über 3.700, in Großbritannien ungefähr 1.915 (Quelle: *Filmecho/Filmwoche* 12/1995).

te sie mir vor wenigen Tagen.[*] In Italien sieht es etwas besser aus, die Zahlen bewegen sich zwischen 15 und 16 Prozent, in Frankreich je nach Jahr sogar zwischen 35 und 40 Prozent.[**] Besonders schlimm ist nicht allein die Tatsache, daß die Filme von der Bevölkerung des eigenen Landes nicht gesehen werden, sondern daß auch Filme aus den anderen europäischen Ländern nicht oder nur selten zu sehen sind. Und dabei beschreibe ich nur die Situation in Westeuropa.

Meine Damen und Herren, gingen Sie morgen nach Warschau, Sie müßten großes Glück haben, der Vorführung eines polnischen Filmes beiwohnen zu können. Ein noch größeres Glück wäre es, in Budapest einen ungarischen Film zu sehen. Dabei darf man nicht vergessen, daß in Ungarn in den 70er Jahren sehr interessante Filme entstanden. Wie Sie vielleicht wissen, ist es auch in Moskau kaum einfacher, russische Filme zu sehen. Und diese Entwicklung fand in knapp fünf Jahren statt. Die Geschwindigkeit der schmerzlichen Umwälzungen in den einzelnen Ländern ist enorm. Dabei denke ich an jene Länder des Ostens, die zwar einer politischen Zensur unterlagen, denen es aber dennoch gelungen war, eine nationale Filmkultur aufrechtzuerhalten, eine gefestigte, konstante, dauerhafte Kultur, aus der Filmemacher allerersten Ranges hervorgingen wie Andrzej Wajda hier, Miklós Jancsó dort, und all jene wie Andrej Tarkowskij und andere aus Rußland, und Sergej Paradshanow nicht zu vergessen mit allen und *trotz* aller entsetzlichen Situationen, in die er sich immer wieder gestellt sah. Nichtsdestotrotz erblickte ein starkes und originelles Kino das Licht der Welt.

---

[*]   Hier aktuellere Zahlen: Im Jahr 1993 lag der Anteil deutscher Filme hierzulande bei genau 7,20%; er stieg 1994 auf 8,80%. Der Anteil der U.S.-Filme in deutschen Kinos fiel von 87,80% im Jahr 1993 auf 81,72% im Jahr 1994 (Quelle: *Filmecho/Filmwoche* 12/1995)

[**] In Frankreich wurden 1993 noch 34,80% französische Filme gespielt, 1994 dagegen nur 28,60%. Der Anteil der U.S.-Filme dort stieg von 57,60% im Jahr 1993 auf 60,40% im Jahr 1994. (Quelle: ebda.)

Ich erinnere mich: Am Tag als Vaclav Havel sein Amt als Präsident antrat, fand eine Versammlung tschechischer Filmemacher statt. Man sagte zu mir: »Kommen Sie doch auf ein Stündchen zu uns.« Das habe ich gemacht und habe ihnen folgendes zu bedenken gegeben: »Ja, jetzt bricht die Zeit der Freiheit an, meine lieben Freude, und darüber sind wir alle sehr froh, und Freiheit heißt nicht nur politische Freiheit, es ist auch die Freiheit der Künstler, die Freiheit, die es den Bewohnern Ihres Landes ermöglicht, die Bücher, die sie lesen wollen, die Filme, die sie sehen wollen, selbst auszuwählen. Aber ich flehe Sie an: Schmeißen Sie nicht alles Alte, was positiv war, über Bord, unter dem Vorwand, daß das alte Regime oppressiv war. 6.000 Kinosäle in der Tschechoslowakei, in einem Land das nicht sehr groß ist, 6.000 Kinosäle... Es gibt Talente in Ihrem Land, ein großes Publikum...«
Unglücklicherweise haben sich meine Bedenken als begründet erwiesen. Was ist heute vom tschechischen Kino übriggeblieben? Ein paar Regisseure, die überleben, oft nur mit internationaler Hilfe. Die Hälfte der Kinosäle wurde in Garagen, in Sex-Shops oder was auch immer umgewandelt. Ich behaupte, daß man in diesen Ländern – aber auch hier, bei uns im Westen – den politischen, polizeistaatlichen Totalitarismus durch eine andere Form von Totalitarismus ersetzt hat: den wirtschaftlichen und kulturellen Totalitarismus.

Man fragt sich: Warum und wie kam es zu dieser Situation? Auf keine der beiden Fragen habe ich eine konkrete Antwort. Ich stelle einfach fest: Es gibt einerseits, wenn man so will, die Übermacht der Hollywood-Industrie. Andererseits ist es ungerecht, Amerika zum Sündenbock zu machen für unsere eigene Unfähigkeit. Die Hollywood-Industrie produziert ja nicht nur mittelmäßige Filme, ihr Erfolg beruht auch auf der professionellen Qualität ihrer Arbeit. Das muß man anerkennen. Und es gibt dort tatsächlich auch einige wirklich große Filmemacher. Es ist nicht zu leugnen: Sie machen gute Arbeit. Sie sind mächtig und wollen noch mächtiger werden. Das ist ihre Logik, das ist ihr Geist. Man kann ihnen das nicht vorwerfen – das würde übrigens auch nichts nützen. Die Europäer sind für ihre Niederlage selbst verantwortlich. Daher der Rückgang des Films in Europa.

Heute gibt es einen festen Platz, den das Fernsehen – das leider immer kommerzieller wird – in den Köpfen der Menschen besetzt hält, das ihre Freizeit bestimmt. Zwischen der Allmacht Hollywoods und der Allmächtigkeit des privaten und öffentlichen Fernsehens ist es für das Kino nicht einfach, sich einen Weg zu bahnen. Ein Grund mehr für die führenden Persönlichkeiten der verschiedenen europäischen Länder, zielstrebiger, kämpferischer zu sein als in der Vergangenheit.
Ein paar Bemerkungen dazu – ich will nicht lange bei diesem Thema verweilen – nur einige Anmerkungen, die auf meiner persönlichen Erfahrung in Frankreich beruhen. Manchmal wird im Ausland lobend erwähnt, besonders gern in Deutschland, was für mich ein täglicher Kampf auch innerhalb unserer eigenen Regierung war. Kurz gesagt: Ich habe erreicht, daß man die privaten und öffentlichen Fernsehsender dazu zwingt – ich betone: sie zwingt – die Vorurteile abzubauen, die sie dem Kino gegenüber haben. Sie saugen das Kino aus, sie ernähren sich von ihm. Also sollte es normal sein, daß sie sich an der Finanzierung von Filmen beteiligen. Ich habe gefordert und auch erreicht, daß 5,5 Prozent ihrer Einnahmen in einen Fonds zur Unterstützung des Kinos zurückfließen. In einen Fonds, der die Renovierung von Kinosälen, die Produktion und den Vertrieb von Filmen finanziert.
Ich habe auch gefordert und erreicht, daß sich die Fernsehsender stärker an der Finanzierung von Kinoproduktionen beteiligen. Und einige dieser Fernsehkanäle sind, wie beispielsweise Canal +, zur »Lunge« des Kinos geworden. Ich habe gefordert und erreicht – was ebenfalls nicht selbstverständlich war –, daß Sender verpflichtet werden –, ihr Programm zu 60 Prozent mit Werken europäischen Ursprungs zu bestreiten.

Andere Maßnahmen, die durchgesetzt wurden: Nach dem Kinostart eines Films dürfen Sender einen Film erst nach Ablauf einer gewissen Frist ausstrahlen. Diese Frist ist lange genug – normalerweise beträgt sie 32 Monate –, um nicht zu sehr in Konkurrenz zu den Kinos zu treten. Außerdem ist an bestimmten Abenden, ganz besonders am Samstag, die Ausstrahlung von Spielfilmen begrenzt oder nur am späten Abend möglich.

Parallel zu diesen Maßnahmen, die das Fernsehen betreffen, haben wir uns bemüht, Produktion, Vertrieb und Verleih zu fördern. Man kann einwenden, daß dies ein Eingriff in die Gesetze des freien Marktes ist. Diejenigen, die gegen eine solche Politik sind, sagen: Das ist eine Form von Planwirtschaft, ein Rückschritt. Ein berühmter Theologe des ausgehenden 19. Jahrhunderts, der soziale Ansichten vertrat, bemerkte zur Situation, in die Arbeiter, sozial Schwache, leidende Menschen gebracht wurden: Vorschriften können befreiend sein und bisweilen ist es die Freiheit, die unterdrückt. Vielleicht kennen Sie das Bild von der Freiheit des Fuchses im Hühnerstall. Schauen wir den Dingen ins Gesicht: Die wenigen Maßnahmen, die ich Ihnen gerade schilderte, haben die Freiheit zum Ziel. Sie haben den Zweck, Voraussetzungen für die Freiheit zu schaffen. Die Freiheit der Künstler, Filmemacher, Produzenten, Erfinder. Was aber bedeutet Freiheit, wenn ein allmächtiges Fernsehen seine Macht mißbraucht? Wenn es massiv billige amerikanische Serien ausstrahlt und sich weigert, in eigene Produktionen zu investieren? Wo bleibt die Freiheit für die Künstler der einzelnen Länder?

Ich glaube es ist die Pflicht der Regierung eines freien Landes, die Voraussetzungen für wirkliche Konkurrenz zu schaffen, bzw. sie wieder herzustellen. Vielleicht habe ich später, in der Diskussion, die Gelegenheit, diese Dinge ausführlicher zu erläutern. In einer einführenden Darstellung muß man sich kurz fassen. Ich möchte aber nicht, daß es zu Mißverständnissen kommt: Diese Art von Politik zielt nicht darauf ab, jemandem etwas aufzudrängen, jemanden zu nötigen – im Gegenteil, sie will befreien.

Um noch einmal auf Deutschland zu sprechen zu kommen: Es ist mir ein Rätsel, warum Deutschland – eine ehemals so kreative Kino-Nation – heute relativ große Schwierigkeiten hat. Ich behaupte nicht, daß sich alles auf die Filmpolitik zurückführen läßt. Dennoch scheint mir, daß eine der Schwächen des deutschen Systems – das insgesamt sehr offen ist – eventuell das föderalistische System und insbesondere die Politik der Länder und der Kommunen ist. Man weiß, welch wunderbare Arbeit hier in München der Oberbürgermeister leistet, und tatsächlich, als Freund von München sehe ich, wie diese Stadt sich, im Vergleich zu anderen großen Städten Europas, weiterentwickelt: Die Theater, die Oper, die Museen und viele andere Dinge sind von außergewöhnlicher Qualität in Ihrer Stadt. Ebenso die kulturellen Veranstaltungen in diesen Bereichen. Das föderale System hat – insbesondere in den ehemaligen Residenzstädten – viele Anregungen geliefert.

Das Kino – einerseits eine Industrie, andererseits eine Kunst – muß in erster Linie als Kunst gesehen und auch als Kunst anerkannt werden, ganz besonders in den Schulen, Gymnasien, Universitäten, um das Volk selbst zu einem Volk von Kinokennern zu machen, zu einem Volk, das seine Filme liebt; ein Volk, das seine Filme, seine Filmemacher unterstützt. Da das Kino aber auch eine Industrie ist, braucht es einen großen Markt, einen nationalen Markt, und vielleicht – das ist meine Hypothese – liegt die Schwäche darin, daß Sie im föderalistischen System nicht die Möglichkeit haben eine nationale Kinopolitik zu betreiben. Aus Erfahrung weiß ich, daß unsere Gesprächspartner auf Bundesebene keine Kultusminister sind – die gibt es nicht –, sondern daß für die Filmpolitik entweder die Wirtschafts- oder Innenminister zuständig sind. Das macht die Sache nicht leichter. Wenn man will, daß das Kino lebt, ist es notwendig, daß es in der Gesellschaft als selbständige Kunstrichtung anerkannt wird – nicht nur von den politisch Verantwortlichen, sondern auch in den Schulen, den Gymnasien. Die jungen Deutschen müssen zu Kinoliebhabern werden – nicht nur Liebhabern des amerikanischen, sondern auch des deutschen Kinos. Ich stelle mir vor, daß ein junger Mensch, der die Filme von Fritz Lang entdeckt, Wert darauf legt, daß man in seinem Land auch weiterhin Filme schreibt und dreht. Ich werde Ihnen ein Beispiel nennen. Vor einigen Jahren habe ich in Frankreich in einigen Gymnasien – heute sind es meines Wissens 150, was nicht genug ist, aber immerhin ein Anfang – Film als Schulfach einführen lassen, mit demselben Stellenwert wie Mathematik oder Geschichte. Zu den Unterrichtsmaterialien gehört ein Film, basierend auf *M*. Die Schüler sehen zuerst den Film, anschließend eine präzise Analyse einzelner Einstellungen, die miteinander verglichen, einander gegenübergestellt, interpretiert werden usw. Die Filmanalyse ist ebenso atemberaubend wie der Film selbst! Kurzum: Würden Sie mich diesbezüglich um Rat bitten – wobei ich mich natürlich nie in innerdeutsche Angelegenheiten einmischen wollte – würde ich Ihnen schlicht antworten: Geben Sie den jungen Menschen in Deutschland den Stolz auf ihre eigene Filmkultur zurück!

Ich muß wohl langsam zum Schluß kommen? Die Lösung dieser Probleme finden wir sicher nicht in Hollywood, auch nicht in Brüssel, sondern nur bei uns zuhause. Nur im eigenen Land kann man dem Kino neues Leben einhauchen. Es ist eine Illusion zu glauben, man könnte Hollywood den Rang ablaufen. Niemand hat diese Macht. Errichten wir also das Europa des Kinos zunächst jeder in seinem eigenen Land!
Dabei ist es sehr wichtig für das Kino, daß es gelingt, eine Idee durchzusetzen, die einfach erscheint und dennoch entscheidend ist: Ein Kunstwerk – ein Film, ein Buch, ein Gemälde, ein Theaterstück – kann nicht mit einem gewöhnlichen Produkt verglichen werden. Was natürlich eine ganze Kette praktischer Konsequenzen hat: Es legitimiert Subven-

tionen und Ausnahmeregelungen, wie ich sie vorher beschrieb, neue Beziehungen zwischen Fernsehen und Kino. In Deutschland wird z.B. ein System der Preisbindung bei Büchern praktiziert, ein spezielles System, das auf andere Industriezweige nicht übertragbar ist. Weil der Buchmarkt keine Industrie ist wie andere, wurde in Deutschland dieses System der Preisbindung eingeführt, eine wundervolle Sache, die ich für Frankreich übernommen habe. Während der GATT-Verhandlungen wurde das Buch als »kulturelle Ausnahme« bezeichnet, eine Ausnahme sowohl symbolischer, moralischer als auch wirtschaftlicher Art. Übrigens konnte ich feststellen, daß Herr Valenti – Präsident der Vereinigung der großen amerikanischen Filmgesellschaften –, der zu diesem Thema noch vor einigen Monaten eine sehr negative Meinung vertrat, heute sagt: »Alle Achtung, das läuft ja wunderbar.« Auch in Amerika gibt es Künstler, Filmemacher, Schriftsteller, die sich als Opfer eines Systems des schnellen Gewinns sehen. Wehe dem Schriftsteller in Amerika, dessen Buch nicht sofort nach Erscheinen zum Verkaufserfolg wird! Es verschwindet in der Versenkung. Mit dem System der Preisbindung in Deutschland oder in Frankreich hat ein Buch immerhin eine etwas größere Chance, länger auf dem Markt zu bleiben.

1995 feiern wir den 100. Geburtstag des Kinos. Als Geburtsdatum gilt die erste öffentliche Vorstellung der Brüder Lumière im Dezember 1895. Die Vorhersage, daß wir in 100 Jahren wieder einen runden Geburtstag feiern, halte ich für sehr gewagt. Dennoch meine ich, daß die führenden Männer Europas diesen Anspruch haben sollten: Sie sollten für die Zukunft des Kinos arbeiten. Dafür, daß man in 20, 30 Jahren, wenn die Geschichte Europas geschrieben wird, nicht fragen kann: Warum lebte das Kino, diese wundervolle Kunst, diese Kunst der Transposition des Lebens durch Poesie und Bild, nur ein Jahrhundert lang? Welche Blindheit, welche Gleichgültigkeit, welche Absurdität hat dazu geführt, daß die führenden Politiker Europas in den 90er

Jahren tatenlos zusahen, daß sie der Kultur, die in Gefahr war, nicht beistanden? Wie ist diese Gleichgültigkeit zu begreifen? Es wäre dies ein enormer Fehler, den sich die Verantwortlichen von heute zuzuschreiben hätten.

Träumen wir davon, daß das Gegenteil eintreten wird, träumen wir davon, daß man in 30 Jahren sagen wird: »Bravo, Ihr Damen und Herren, die Ihr für das Europa der 90er Jahre verantwortlich wart. Ihr wart nicht länger gleichgültig. Bravo, Ihr Herren Premierminister und andere! Ihr sagtet euch eines Tages: Erheben wir uns aus unseren bequemen Minister- oder Premierminister-Sesseln. Tun wir etwas, um das Kino vor dem Verschwinden zu bewahren.« Hoffen wir, daß es so kommen wird. Direkter gesagt: Ich bin davon überzeugt, daß jene Politiker, die sich einen Dreck um das Kino scheren, die Geschichte ihres Landes verraten. Sie verraten ihre Kultur und ihr Land. Zugleich hoffe ich, daß Sie zahlreich für die Rettung des Kinos kämpfen werden, in Ihren Städten und Ländern. Ich versichere Ihnen, das braucht viel Phantasie, viel Mut und große Willensstärke. Noch ist das deutsche Kino nicht tot, aber das kann schnell gehen, sehr schnell, überall. Die größte Dummheit ist zu glauben, daß die eigene Kultur unsterblich ist. Viele Politiker sind sich nicht bewußt, wie fragil eine Kultur ist, wie viele Dinge in wenigen Jahren verschwinden können. Würde das deutsche Kino untergehen, wäre dies nicht allein schrecklich für die Deutschen, es wäre schrecklich für die ganze Gemeinschaft der Europäer. Dasselbe gilt für das italienische Kino, für das französische, das englische . . . Wir brauchen uns gegenseitig.

Ich persönlich träume von einem vielstimmigen Europa. Mein Europa soll nicht nur eine Stimme haben, nicht jenen Ton mittelmäßiger Serien aus Amerika. Wäre es wenigstens die Stimme eines Steinbeck oder Faulkner, eines Scorsese oder eines anderen großen Amerikaners. Ich träume nämlich – mit Ihnen, so hoffe ich, – nicht nur von einem Europa der Multis, sondern von einem Europa der unterschiedlichen Farben (*d'une Europe multicolore*). So daß man, fährt man von Paris nach München, sich einerseits zuhause fühlt und zugleich ganz woanders ist. Daß man – schaltet man hier das Radio ein – es vorzieht, deutsche Musik zu hören anstatt der industriellen Musik, die man uns in Paris vorsetzt. Kurz, wir müssen unsere nationalen Schätze retten! Vielen Dank!

Diskussion mit Volker Schlöndorff und Publikum nach Vorführung des Films LES AMANTS DU PONT-NEUF

Schlöndorff: Ich bin gebeten worden, die Gesprächsleitung und auch Übersetzung zu übernehmen. Ich möchte der Bitte entsprechen, daß wir zuerst Fragen über den soeben gesehenen Carax-Film DIE LIEBENDEN VON PONT-NEUF von 1991 entgegennehmen. Ich stelle die erste Frage selbst: Welches war Deine Rolle bei der Entstehung dieses Films, als Kinofan und auch als Minister?

Lang: Mein Beitrag war relativ bescheiden. Nach drei Jahren, nachdem unzählige Hindernisse überwunden waren, wurde der Film schließlich von einem sehr unternehmungslustigen und mutigen Produzenten [Christian Fechner] finanziert. Er hat 63 Millionen Francs dafür ausgegeben. Den Rest, sehr viel weniger, übernahmen die Fernsehsender Antenne 2 und Canal +, mit 13 bzw. 9 Millionen Francs. Das ergibt insgesamt 85 Millionen Francs.[*] Mein persönlicher Beitrag bestand darin, die verschiedenen Partner zusammenzubringen.

[*] Laut Angaben im Presseheft, das der Verleih *prokino plus* zum deutschen Kinostart 1992 herausgegeben hat, verschlang der Film insgesamt 130 Millionen Francs. Die von Jack Lang genannte Summe beziffert wahrscheinlich die restlichen Kosten, nachdem Christian Fechner als dritter Produzent ins Spiel kam. Ursprünglich war der Film mit 35 Millionen Francs kalkuliert worden, weil die Dreharbeiten größtenteils *on location* auf dem Pont-Neuf stattfinden sollten. Doch wegen einer Sehnenverletzung an Denis Lavants Daumen mußten die Dreharbeiten verschoben werden. Die Drehgenehmigung auf dem Pont-Neuf lief aus. Ein geplantes künstliches Dekor der Brücke war nur für Nachtaufnahmen vorgesehen. Nun mußte der Brücken-Set auch für die Tagesaufnahmen mit allen dazu erforderlichen Hintergrundbauten in der Nähe Montpelliers errichtet werden, was den Etat des ersten Produzenten, Alain Dahan, der schon Carax' erste zwei Filme produziert hatte, überforderte. Er hatte für die bis Dezember 1988 gedrehten 45 Minuten schon 60 Millionen ausgegeben. Eine zweite Arbeitsphase wurde im Juli/August 1989 durch 18 Millionen des Schweizers Francis van Buren ermöglicht. Nachdem ein Sturm die teure Dekoration völlig demoliert hatte, drohte das Projekt endgültig zu scheitern. Hier sprang das von Jack Lang gegründete *Institut pour le financement du cinéma et de l'industrie audio-visuelle (IFCIC)* in die Bresche. Erst durch dessen Bereitschaft, die Bankschulden zu übernehmen, ließ sich Christian Fechner, der sich zur Investition von 70 Millionen entschlossen hatte, zur Fertigfinanzierung des Films ermutigen, der im März 1991 endlich abgedreht war. – Diese Informationen zur Produktionsgeschichte fußen auf dem Presseheft. Weitere interessante Details finden sich in dem von der *Videothèque de Paris* produzierten wie archivierten Dokumentarfilm (53 Min.) von Laurent Canches LE PONT-NEUF DES AMANTS (1993), der die Geschichte des von Michel Vandestien und Thomas Peckre entworfenen Dekors behandelt (mit Interviews von Denis Lavant und Alain Dahan).

S.: Du hattest vielleicht eine bescheidene Rolle – und dennoch: Wer kann mir einen deutschen Minister auf Bundes- oder Landesebene nennen, der wie Du erstens bereit wäre, dem Kino zuliebe einen ganzen Sonntag in einer französischen Stadt zu verbringen, und der zweitens bereit wäre, Film- und Fernsehleute zusammenzubringen, damit ein solcher Film entstehen kann? Gibt es unter den zahllosen Hindernissen, die die Entstehung des Films beinahe verhindert hätten, ein Ereignis, das Dir besonders in Erinnerung geblieben ist?

L.: Vor sechs oder sieben Jahren hat Leos Carax, der Regisseur, sich in den Kopf gesetzt, dieses Projekt zu verwirklichen. Ein Abenteuer, das man für verrückt halten kann, oder auch für gerechtfertigt wegen des Talents von Carax. Er wollte unbedingt den Pont-Neuf nachbauen, und genau das geschah.[*]

S.: Die gesamte Debatte steht im Zeichen von Künstlichkeit und Wirklichkeit. Die Tatsache, daß die Brücke, der Pont-Neuf, nachgebaut wurde, macht diesen Film zu einem hervorragenden Beispiel.

L.: Natürlich war dies ein sehr teures Unterfangen. Carax mußte die Dreharbeiten wegen Geldmangels unterbrechen. Er zeigte mir einige Muster, jene Szenen mit den Booten auf der Seine. Es ist sehr schwierg, anhand von Mustern zu urteilen. Aber es hat mir doch genügt, um einen anderen Produzenten auf dasjenige aufmerksam zu machen, was man – ich wiederhole es – je nach Geschmack als Akt des Irrsinns oder Genie sehen kann.
Ich möchte Sie darauf hinweisen, daß in Ihrem Land eine Entscheidung fiel – gestern oder vorgestern im Bundestag –

---

[*] Allerdings war – vgl. vorhergehende Fußnote – dieser Nachbau nur für die Nachtaufnahmen vorgesehen und wäre als solcher auch wesentlich billiger gewesen.

Der Nachbau des Pont-Neuf bei Montpellier

zugunsten von Christos Projekt, den Reichstag zu verhüllen. Ich selbst habe in Paris der Verhüllung des Pont-Neuf in den 80er Jahren zugestimmt. Unnötig Ihnen zu sagen, daß viele Leute dagegen protestierten. Da wir in einem nicht sehr demokratischen Land leben, wo der Präsident und die Regierung alle Macht haben, habe ich demokratisch selbst entschieden. Um so mehr bewundere ich die Entscheidung des Bundestages bezüglich des Reichtagsgebäudes. Ich frage mich, ob in der französischen Nationalversammlung eine derartige Debatte hätte stattfinden können. Ich bin mir nicht sicher, ob das Projekt durchgegangen wäre . . . Auf Christos Bitte hin habe ich mir erlaubt, sein Projekt in Deutschland zu unterstützen. Er bat mich um ein Gespräch und erklärte mir, er wolle sich unbedingt an ein »populäres« Blatt wie die *Bild-Zeitung* wenden. Er wolle mitteilen, daß der französische Staatspräsident selbst ihn zu seinem Projekt ermutigt habe. Das alles gehört natürlich nicht hierher, ist nicht das Thema des Films. Dessen eigentliches Sujet ist der Pont-Neuf. Die Brücke ist der Hauptdarsteller. Ich habe keine Ahnung, wie die Reichstags-Geschichte ausgehen wird, die Verhüllung von historischen Monumenten scheint jedoch den Vorzug zu haben, sie nicht alleine vor dem Abriß, der Vernichtung zu retten, sondern auch ihre großen architektonischen Linien herauszustellen. Außerdem werden die Deutschen, die Europäer monatelang von der Geschichte des Reichstags reden. Das ist ein sehr gutes Mittel im Kampf gegen den historischen Analphabetismus der Europäer.

Frage: Warum ist Herr Leos Carax nicht anwesend?

S.: Gestern abend war die Verleihung des Césars. Juliette Binoche, die lange mit Leos Carax zusammenlebte und auch seine Hauptdarstellerin in MAUVAIS SANG (DIE NACHT IST JUNG, 1986) war, erhielt für ihre Interpretation in TROIS COULEURS: BLEU von Kieslowski den Preis für die beste Darstellerin. Sie nahm diesen Preis entgegen und äußerte den Wunsch, Leos Carax möge seine Entscheidung, nie wieder

einen Film zu drehen, rückgängig machen, er solle weitermachen. Weißt Du, warum Carax heute nicht hier ist?

L.: Obwohl ich Carax kaum kenne, glaube ich, daß er ein
sehr schüchterner Mensch ist. Ich weiß nicht, ob er selbst je
vor Publikum tritt. Als Volker mir Fragen zur Entstehung
des Films stellte, habe ich das Wichtigste vergessen, nämlich
daß es Juliette Binoche war, die mich motivierte, die aufgrund ihrer Liebe zu Carax – der, wie gesagt, nicht sehr
kommunikativ ist – die Realisierung des Films zu ihrem Le-
bensinhalt gemacht hat. Ihre Liebe war derart überwälti-
gend, daß ich mich ihrem Wunsch der Fertigstellung nicht
widersetzen konnte.

Juliette Binoche

S.: Carax geht überhaupt nie in die Öffentlichkeit oder zu
Veranstaltungen, und erst recht nicht nach diesem Film, da
er sich ziemlich mißverstanden fühlt. Die Reaktionen auf
seinen Film, in Frankreich und außerhalb, haben ihn nicht
wirklich befriedigt.

L.: Die Reaktionen waren sehr geteilt. Als ich heute morgen ankam, habe ich die Kritiken nochmal durchgesehen. *Le Monde* und *Libération* waren damals begeistert, die anderen Zeitungen waren sehr kritisch bis vernichtend.

Zwei Fragen: Erstens zu den Interpreten der Rollen von Hans und Alex: Sie wirken sehr authentisch. Waren das tatsächlich Schauspieler oder Leute, die Carax auf der Straße aufgelesen hat? Und zweitens: War das Feuerwerk im Film dasjenige der Zweihundertjahrfeier oder wurde es einzig für den Film inszeniert?

Juliette Binoche, Klaus-Michael Grüber

L.: Ich habe den Film letztmals vor zwei Jahren gesehen[*] und erinnere mich nicht mehr genau. Klaus-Michael Grüber ist ein bekannter deutscher Theaterregisseur. Er war lange

---

[*] Während der Filmprojektion an diesem Tag im ARRI-Kino war Jack Lang nicht anwesend, weil er einer Mittagessenseinladung des *Institut Français de Munich* nachkam.

Assistent bei Peter Stein. Er hat insbesondere mehrere griechische Texte inszeniert, ich erinnere mich vor allem an eine außergewöhnliche Inszenierung der *Bacchanten* von Euripides in Berlin.

S.: Oder zum Beispiel hier im Münchner Residenz-Theater Arroyos *Bantam*.

L.: Die Rolle bei Carax war seine erste als Kinodarsteller. Der andere Darsteller, Denis Lavant, ist in erster Linie Theaterschauspieler, besonders oft bei Antoine Vitez, einem wichtigen französischen Theaterregisseur, der unter anderem Handke in Frankreich eingeführt hat. Das Feuerwerk ist allerdings *special effects*. Weil ich für die Organisation der Veranstaltungen zur Zweihundertjahrfeier verantwortlich war, fällt es mir schwer, ein vergleichendes Urteil abzugeben über das, was die Feierlichkeiten boten im Unterschied zum Feuerwerk im Film. Vielleicht hätte er Originalaufnahmen nehmen können, das wäre etwas billiger geworden.

S.: Es wäre aber auch weniger künstlich gewesen.

Frage: Hatte der Drehbuchautor und Regisseur des Films die Absicht, mit seiner Botschaft für die Armen und Entrechteten einzutreten, etwa das Unglück von benachteiligten Menschen oder Clochards zu schildern?

L.: Dazu müßte Carax Stellung nehmen. Es ist nicht sicher, ob er antworten würde. Aber man hat ja auch das Recht zu interpretieren, ohne daß man den Film in einer Aussage zusammenfassen kann. Zunächst gibt sich der Film recht widerborstig und unterläßt es, den Zuschauer zu verführen. Gezeigt werden – abgesehen vom Pont-Neuf, der seinen ganz eigenen Charme hat – Figuren, die durch ihr Elend, das sich auch physisch ausdrückt, miteinander verbunden sind. Ein Mädchen, das langsam erblindet. Sie wurde vom Regisseur speziell dafür stark entstellt. Denis Lavant ist nicht jemand, den man als schön bezeichnen könnte, und in dieser Rolle suhlt er sich im

Dreck. Beide fühlen sich im geteilten Leid miteinander vereint. Es ist eine Geschichte über Wut und Zärtlichkeit gleichermaßen. Eine naive Geschichte, die Geschichte einer Begegnung und eine Geschichte der Einsamkeit, in der beide, sie und er, die Schwelle überschritten haben, die die zivilisierte, die saubere und vernünftige Welt trennt von der Welt der Entrechteten, die Welt derjenigen, die sich – aus eigenem Entschluß oder ungewollt – außerhalb der traditionellen Strukturen befinden. Es kann so etwas wie eine Poesie entstehen beim Überschreiten dieser Grenzlinie. Dasselbe gilt für Klaus-Michael Grüber. Obwohl er ein sehr guter Schauspieler ist, ist er für meinen Geschmack ein wenig zu theatralisch.

Wenn meine Erinnerung mich nicht trügt, gibt es in dem Film einen Widerspruch. Der ganze Film dauert ungefähr zwei Stunden und fünf Minuten. Ich weiß nicht, ob Sie das auch so empfunden haben, aber die letzte Viertelstunde ist eine Art Anhängsel. Nicht eine Verlängerung. Man könnte sie mit dem Epilog eines Buches vergleichen. Die letzte Viertelstunde wird zur sauberen, vernünftigen Viertelstunde, obwohl die Personen dieselben sind. Sie gibt dem Film einen *happy-end*-Charakter, der mit dem übrigen Film nichts gemein hat. Ob der Regisseur das beabsichtigte, kann ich Ihnen nicht sagen. Ich bin keineswegs sicher, ob diese letzte Viertelstunde ein Teil seiner ursprünglichen Idee war. Ich weiß nicht, ob Sie sich an jenen Moment erinnern, wo man das Gefühl hat, der Film sei zuende.

Ich wiederhole, man kann diesen Film, der einem die Haare zu Berge stehen läßt, nicht als lieblich bezeichnen, diesen Stil, diesen Geist, diese Atmosphäre. Diese Bilder, die schmerzen, die schockieren, kann man nicht gefällig nennen. Und das macht immerhin 1 Stunde 45 Minuten aus, während die letzte Viertelstunde banal, nett, sauber wirkt.[*]

---

[*] Juliette Binoche sagt laut einem vom Presseheft (S. 16) ohne Quellenangabe wiedergegebenen Interview: »Es gab drei mögliche Enden. Wir nahmen schließlich das, das ich Lust hatte zu drehen. Die anderen waren pessimistisch. Ich kämpfte für dieses Ende ...«

Frage an Schlöndorff: Was sagen Sie zu den Kosten des Films, würden Sie in Berlin Filme mit solchem Budget drehen wollen?

S.: Ich kann nicht unbedingt beurteilen, ob der Film dieses Geld kosten mußte. Allerdings denken wir zu klein hier. Sie hatten ja Ken Adam vor kurzem zu Gast und wissen deshalb von anderen Maßstäben. Der europäische Film geht daran zugrunde, daß er klein, kleiner und noch kleiner denkt. Und wenn ein kleiner Film die kleinen Kosten nicht mehr einspielt, macht man das nächste Mal einen noch kleineren.

So ist es ganz selten, daß es einmal einen so befreienden Akt gibt wie DIE LIEBENDEN VON PONT-NEUF, der für Frankreich eine Revolution darstellte. Inzwischen ist es fast eine Regel, daß dort jedes Jahr ein paar Filme dieser Größenordnung gedreht werden. Danach kam CYRANO DE BERGERAC, inzwischen gibt es GERMINAL und Jean-Paul Rappeneau bereitet mit dem Etat von 180 Millionen LE HUSARD SUR LE TOIT nach Giono vor. Dieses Geld, da es nicht als Gage von 10 Millionen Dollar für Sylvester Stallone oder Arnold Schwarzenegger ausgegeben wird, ist deshalb auch nicht zum Fenster rausgeschmissen. Es wird für kreative Arbeit ausgegeben und ist deshalb meiner Ansicht nach gut angelegt.

Selbstverständlich sollten wir – ob in Babelsberg, bei der Bavaria oder in Nordrhein-Westfalen – in Deutschland den Mut haben, in solchen Größenordnungen zu denken und ich richte diese Aufforderung auch an mich selbst. Bisher fehlt es uns an den entsprechenden Projekten. Und wenn dann mal jemand wie Wenders den Mut hat und es macht, wird er gleich dermaßen »getunkt«, daß man ihm vorwirft, mit Steuergeldern Feuerchen anzuzünden, worauf den nächsten gleich ganz der Mut verläßt. Es ist durchaus bei Opern-Inszenierungen üblich – ich habe ja letztes Jahr hier an der Münchner Staatsoper gearbeitet –, daß man für Dekorationen vergleichbare Summen ausgibt, ohne daß sich Protestgeschrei erhebt. Beim Film wird einfach ein anderer

Maßstab angelegt: Es müsse sich alles rechnen – und am Schluß rechnet es sich dann nicht. Das Zusammenspiel aus Ökonomie und Kultur führt hier zur totalen Kastration.

Zuschauerbemerkung: Zum Beispiel bei KASPAR HAUSER, der ja ursprünglich nur fürs Fernsehen gedacht war, merkt man den Mangel der Mittel.

S.: Der Film KASPAR HAUSER von Peter Sehr, der gerade in den Kinos anläuft – also nicht die Verfilmung Herzogs – ist ein grandioser Film, man merkt aber deutlich die finanziellen Einschränkungen.

Frage: Mir mißfällt ein Widerspruch zwischen der Geschichte von Carax' Film und seiner Ästhetik. Ich denke an die offensichtliche Diskrepanz zwischen einem durch seine Geschichte fast neorealistischen Film einerseits und dem ganzen Geld, das ausgegeben wurde, um andererseits eine übertrieben künstliche Welt zu erschaffen. Sehen Sie es ähnlich?

L.: Ihre Bemerkung ist berechtigt. Die Antwort müssen Sie sich selbst geben. Wenn Sie das Gefühl haben, daß der Film stark und bewegend ist, warum sollte man dann nicht akzeptieren – wie Volker sagte –, daß viel Geld ausgegeben wird, selbst für einen Film, dessen Thema mit Armut zu tun hat? Fühlen Sie sich emotional von dem Film nicht angesprochen, kann man – von Ihrem Standpunkt aus betrachtet – annehmen, daß diese Summe exzessiv ist. Allerdings bin ich nicht derjenige, der den Film zu verteidigen hat.

S.: Aus dem Widerspruch resultiert gerade für mich die eigentliche Spannung des Films. Das ist gerade der interessante Ansatz, einen Film über Armut und Verelendung zu machen, aber gleichzeitig über die Schönheit dieser Charaktere, indem man eben nicht neorealistisch auf der Straße dreht.

Denis Lavant, Juliette Binoche

Dreharbeiten LES AMANT DU PONT-NEUF

228

Frage: Ich möchte auf Jack Langs Vortrag vor dem Film zurückkommen. Was halten Sie von den Hilfsprogrammen für den deutschen Film?

L.: Daß es sich zwar im Umfang, nicht aber in der Art vom französischen Programm unterscheidet. Was ich zu erklären versuchte: Die Kultur-Geschäftemacher, die Händler in Sachen Kultur – egal ob Franzosen, Deutsche, Amerikaner, Koreaner – machen immer geltend, daß ihrer Freiheit keine Grenzen gesetzt sind, d. h. dem Geschäft, ihrem Geschäft. Das erinnert mich an eine Situation in meinem Büro. Wir empfingen eine Dame, die Staatssekretärin im Wirtschaftsministerium von Herrn Bush. Das war 1989/90. Gemeinsam mit anderen Mitgliedern der Gemeinschaft versuchten wir, einen Text zu erarbeiten, Richtlinien festzulegen, denen zufolge die Fernsehsender ein Minimum an europäischen Produktionen ausstrahlen müssen. Die Amerikaner empfanden das als protektionistische Maßnahme. Wie eine Furie stürzte sich die Frau in mein Büro und sagte, sie betrete das Büro des schlimmsten Protektionisten dieser Welt. Ich sagte zu ihr: »Nehmen Sie Platz. Es ist fünf Uhr nachmittags, um diese Zeit müßte das Programm im Fernsehen sehr reichhaltig sein. Sehen wir zu, wie es sich wirklich verhält!« Nachdem wir alle möglichen Kanäle durchgeschaltet hatten, stellte sich der große Anteil amerikanischer Programme heraus. Drauf sagte ich zu ihr: »Wäre ich zur gleichen Stunde in Ihrem Büro in Washington, ich hätte nicht die geringste Chance, dreißig Sekunden einer europäischen Fernsehsendung zu sehen.« Freiheit ist ein Wort, das die Unterdrücker, die Herrschenden mit Vorliebe benutzen. Man darf aber nicht nur an die Freiheit der mächtigen Bosse der Fernsehanstalten denken, man muß auch an die Freiheit der Künstler denken.

Wie bereits heute morgen sprachen Volker und ich vorhin noch einmal über das deutsche System der Filmförderung. Ich frage mich, ob es nicht noch einen schwachen Punkt hat. In manchen Fällen wäre eine Politik auf Bundesebene vielleicht von Vorteil. Ist dies aber überhaupt möglich? Doch statt von Filmförderung, von Hilfsprogrammen zu sprechen, scheint es mir viel wichtiger, den Dingen eine Seele zu geben. Die Frage ist, ob eine Gesellschaft den Wunsch nach einer Filmkultur verspürt oder nicht. Ist das Kino eine vornehme Aufgabe oder nicht? Ist die Arbeit für eine Kinokultur etwas, das alle möglichen Opfer verdient? Empfinden die Zuschauer, die jungen Menschen von sich aus eine Leidenschaft für das Kino? Volker stellte mir vorhin genau dieselbe Frage wie Sie: Welche Maßnahmen wurden ergriffen? Es waren viele. Wenn man sich bei mir bedanken will, dann dafür, daß ich – mit vielen anderen – dazu beigetragen habe, das Kino ins öffentliche Bewußtsein zu rücken. Es ist eine völlig eigenständige Kunst, die es zu retten gilt, koste es was es wolle.

Transskription: Françoise Castello
Übersetzung: Gabi Schilling

Zu den Autoren

Ken Adam, geb. 1921 als Klaus Adam in Berlin. Die Familie floh 1934 vor den Nazis nach England. Ken Adam studierte, angeregt durch den Filmarchitekten Vincent Korda, Architektur in London. Während des Zweiten Weltkriegs Pilot der Royal Air Force. Ab 1947 Beginn seiner Karriere als Filmarchitekt und Production Designer; arbeitete u.a. für Regisseure wie Jacques Tourneur, John Ford, John Frankenheimer, Robert Wise, Robert Aldrich, Guy Hamilton, Bruce Beresford, Joseph L. Mankiewicz, Terence Young. Berühmt geworden ist Adam insbesondere als Production Designer zahlreicher James-Bond-Filme und mit seiner Arbeit für Stanley Kubrick; für seine Mitarbeit an dessen Film DR. STRANGELOVE OR: HOW I LEARNED TO STOP WORRYING AND LOVE THE BOMB (1963) erhielt er den British Academy Award, für BARRY LYNDON (1975) den ersten Oscar. 1995 folgte ein weiterer für Nicholas Hytners THE MADNESS OF KING GEORGE.

Jürgen Berger, geb. 1951. Studium der Pharmazie, Publizistik und Geschichte in Berlin. Mitarbeiter der Freunde der Deutschen Kinemathek (Kino Arsenal) und des »forums des jungen films«. Mitbegründer und Redakteur der Zeitschrift *Filme*. Seit 1980 Wissenschaftler am Deutschen Filmmuseum Frankfurt am Main; zuständig für die Ausstellungen, Sammlungen und Publikationen (u.a. Periodikum *Kinematograph*). Von 1991–1993 Leiter der South Bank des British Film Institute in London (verantwortlich für das National Film Theatre, das Museum of the Moving Image und das London Film Festival). Designierter stellvertretender Direktor des Landesmuseums für Technik und Arbeit in Mannheim (Herbst 1995).

David Bordwell, geb. 1947. Jacques Ledoux Professor of Film Studies an der Universität Wisconsin-Madison, U.S.A.

Dissertation über *French Impressionist Cinema: Film Cultu-re, Film Theory, Film Style,* New York 1980. Zahlreiche Ver-öffentlichungen zur Geschichte, Theorie und Analyse des Films, über Ozu Yasujiro, Sergej Eisenstein, Carl Theodor Dreyer u.v.a. Seine wichtigsten Veröffentlichungen: zusam-men mit Kristin Thompson: *Film Art: An Introduction,* New York 1994 (4. Aufl.); zusammen mit Janet Staiger u. Kristin Thompson: *The Classical Hollywood Cinema: Film Style and Mode of Production to 1960,* New York/London 1985; *Narration in the Fiction Film.* Madison/London 1985; *Making Meaning: Inference and Rhetoric in the Interpreta-tion of Cinema,* Cambridge 1989; zusammen mit Kristin Thompson: *Film History: An Introduction,* New York 1994.

Peter Greenaway, geb. 1942. Studium der Malerei, erste Ausstellung 1964 in der Londoner Lord's Gallery. Ab 1965 elf Jahre Arbeit als Cutter, arbeitete u.a. an zahlreichen Do-kumentationen für das Central Office of Information. Seit 1966 dreht er eigene Filme, zunächst zahlreiche Kurzfilme; führt Regie, malt Bilder, schreibt Romane und illustriert Bü-cher. Zu seinen bekanntesten abendfüllenden Spielfilmen zählen: THE DRAUGHTSMAN'S CONTRACT (DER KONTRAKT DES ZEICHNERS, 1982), A ZED AND TWO NOUGHTS (EIN Z UND ZWEI NULLEN, 1986), THE BELLY OF AN ARCHITECT (DER BAUCH DES ARCHITEKTEN, 1987), DROWNING BY NUMBERS (DIE VER-SCHWÖRUNG DER FRAUEN, 1988), THE COOK, THE THIEF, HIS WIFE AND HER LOVER (DER KOCH, DER DIEB, SEINE FRAU UND IHR LIEBHABER, 1989), THE BABY OF MÁCON (DAS WUNDER VON MÁCON, 1993). Zahlreiche Preise und Festivalteilnah-men.

Jack Lang, geb. 1939. Schon mit 15 Jahren politisch für Pier-re Mendès France aktiv. Studium der Rechtswissenschaften in Paris. 1963-1972 Leiter des Festival mondial du théâtre universitaire in Nancy. Dissertation über *L'Etat et le théâtre.* Ab 1972 als Directeur général du Théâtre national populaire de Chaillot in Paris tätig. Professor für internationales Recht 1976/77 in Nancy. Ab 1978 Berater Francois Mitterands. Unter Ministerpräsident Mauroy ab 1981 Kulturminister: hebt die Kulturausgaben auf 1% des Staatshaushaltes an und befördert eine Dezentralisierung kultureller Aktivitäten. 1988–1990 Ministre de la Culture, de la Communication, des Grands Travaux et du Bicentenaire, von 1992–1993 Ministre d'Etat, Ministre de l'Education nationale et de la Culture, als der er u.a. Film als Unterrichtsfach in vielen Schulen einführt.

Andreas Rost, geb. 1948. Studium an der Akademie der Bildenden Künste München, Kunsterzieher bis 1981 und Studium der Kunstgeschichte, Philosophie, Pädagogik an der Universität München. 1981-82 Stipendium für Paris, danach Promotion und Assistenz am Lehrstuhl für Kunstgeschichte der Universität Bamberg. Dissertation: *Von einem, der auszog, das Leben zu lernen. Ästhetische Erfahrung im Kino ausgehend von Wim Wenders' Film* ALICE IN DEN STÄDTEN, München 1990. Seit November 1992 Leiter des Sachgebiets Film im Kulturreferat der Landeshauptstadt München. Initiator und Organisator der Vortragsreihe REDEN ÜBER FILM zusammen mit Lothar Just, Internationale Münchner Filmwochen GmbH.

Volker Schlöndorff, geb. 1939. Studium der Volkswirtschaft und Politischen Wissenschaft in Paris. Besuch des Institut des Hautes Etudes Cinématographiques in Paris. Regieassistent bei Louis Malle, Pierre Melville, Alain Resnais, 1965/66 Debüt als Filmregisseur. 1974, 1976 u. 1988 Operninszenierungen in Frankfurt, Berlin und Paris, 1988 Theaterinszenierung in München; seit 1965 zahlreiche Bundesfilmpreise, 1979 Goldene Palme in Cannes, 1980 Oscar-Preisträger. Zu seinen wichtigsten Filmen gehören: DER JUNGE TÖRLESS (1966), DIE VERLORENE EHRE DER KATHARINA BLUM (1975, zusammen mit Margarethe von Trotta), DIE BLECHTROMMEL (1979), HOMO FABER (1980). Seit 1992 ist Volker Schlöndorff als Geschäftsführer von Studio Babelsberg für alle Entwicklungs-, Produktions- und künstlerischen Bereiche zuständig.

Yvonne Spielmann, geb. 1957. Dr.phil. Studium der Germanistik, Amerikanistik und Philosophie an der Universität Frankfurt/M. 1983-1989 Dozentin für Filmwissenschaft an der Freien Universität Berlin. 1989/90 Fellow am Getty Center for the History of Art and the Humanities in Kalifornien. 1991-1993 Postdoktorandenstipendium der Universität Konstanz im Fach Medienwissenschaft. 1993/94 Rektoratsassistentin an der Kunsthochschule für Medien Köln. DFG-Habilitationsstipendium für die Bearbeitung des Themas: *Zur Ästhetik intermedialer Bildgestaltung. Medientheoretische Untersuchung der Filme und Videoarbeiten von Peter Greenaway.* Andere Veröffentlichungen: *Frauen-FilmHandbuch,* Berlin 1984 (Co-Redakteurin); *Kunst und Politik der Avantgarde,* Frankfurt/M. 1989 (Hrsg.); *Eine Pfütze in bezug aufs Mehr. Avantgarde,* Frankfurt/M. 1991.

Filmbibliothek
im Verlag der Autoren

Augenzeugen. 100 Texte neuer deutscher Filmemacher
Hrsg. von Hans Helmut Prinzler und Eric Rentschler
Mehr als 25 Jahre deutsche Filmgeschichte in Reden, Erklärungen,
Polemiken und Essays. Ein Standardwerk mit Texten von Achternbusch bis Ziewer, von Herzog bis Schlöndorff.

Curt Bois, So schlecht war mir noch nie
Aus meinem Tagebuch. Mitarbeit: Wolfgang Deichsel
Der bissige, höchst kauzige Rückblick des großartigen Komikers und
namhaften Schauspielers auf sein Leben.

Fassbinders Filme 2
Herausgegeben von Michael Töteberg
Enthält die Drehbücher: Warum läuft Herr R. Amok?; Rio das Mortes; Withy; Die Niklashauser Fart; Der amerikanische Soldat; Warnung vor einer heiligen Nutte

Fassbinders Filme 3
Herausgegeben von Michael Töteberg
Enthält die Drehbücher: Händler der vier Jahreszeiten; Angst essen
Seele auf; Fontane Effi Briest

Fassbinders Filme 4/5
Acht Stunden sind kein Tag
2 Bände im Schuber
Eine TV-Serie, die Fernsehgeschichte gemacht hat wie kaum eine andere. Zum ersten Mal werden hier auch die Drehbücher der Folgen
6–8 veröffentlicht, deren Realisierung von den Fernsehverantwortlichen verhindert wurde.

Reden über Film
Bilder der Gewalt
Herausgegeben und eingeleitet von Andreas Rost
Der Band enthält Beiträge von Peter Sloterdijk über »Terminator 2«,
Klaus Theweleit über »Das Schweigen der Lämmer«, Robert Fischer
über »Blue Velvet« sowie eine Kontroverse zwischen Hans Günther
Pflaum und Klaus Schreyer.

Edgar Reitz, Drehort Heimat
Arbeitsnotizen und Zukunftsentwürfe. Herausgegeben von Michael
Töteberg